산업 및 조직심리 시리즈 4

채용의 공정성과 타당성 제고 전략

블라인드 채용

차별을 배제한 직무능력중심 채용 Guidebook

ORP연구소 저

"똑같은 조건, 똑같은 출발선에서 실력으로 공정하게 경쟁할 수 있도록", "채용에서 평등한 기회가 보장되고 누구나 실력으로 경쟁할 기회가 보장되는" 선발 제도가 최근 기업 인재 선발에서의 이슈이다. 이러한 이슈를 해결할 수 있는 방안이 블라인드 채용이다. 블라인드 채용이란, 채용 과정에서 불합리한 차별을 야기할 수 있는 출신지, 가족관계, 학력, 외모 등의 차별적 요소들을 배제하고, 직무능력을 평가하여 인재를 채용하는 방식이다. 블라인드 채용은 세 가지 차원에서 한국 사회의 인사 선발 문화에서 큰 의의를 갖는다.

첫 번째는 사회적 변화의 차원이다. 시민의식의 성숙과 시대적 변화에 따라 인권의 중요성이 강조되고 있다. 차별 금지에 대한 법적 요건이 강화되고 있으며, 조직의 채용에서도 차별 철폐와 공정성의 확립이 요구되고 있다.

두 번째는 조직에서의 변화 요구이다. 최근에도 많은 공공기관, 은행 등에서 지원자의 능력이 아닌 연고, 학벌, 출신, 고위직의 추천 등이 채용 의사결정에 영향을 끼치고 있는데, 이러한 요인들이 채용에서의 불공정성을 촉발하고 조직이 적합한 인재를 충원하는 데에 걸림돌이 되고 있다.

세 번째 차원은 지원자 개인의 요구이다. 그동안 스펙과 학력 위주의 선발 방식으로 인해 우수한 능력을 가졌음에도 불구하고 일부 인재들은 취업을 위한 지원 기회를 충분히 보장받지 못했다. 채용과정에서 차별을 제하고 지원자들에게 충분한 지원 기회를 보장해야 한다는 측면에서, 또한 지원자 존중이라는 의미에서도 블라인드 선발은 의의를 가진다고 할 수 있다.

그동안 ORP연구소에서는 산업 및 조직심리학 이론과 방법론의 현장 적용을 통해 보다 과학적인 인적자원개발을 실현하기 위한 많은 노력을 기울여 왔으며, 그 일환으로 산업 및 조직심리 도서 시리즈를 발간해 왔다. ORP연구소는 특히 선발의 방법과 절차에 대해서 수년간 연구와 컨설팅을 수행한 경험을 가지고 있으며, 이를 체계화하기 위해 2016년 상반기에 산업 및 조직심리 시리즈의 두 번째 책인 「Selection」을 출간하였다. 이 책에서는 선발의 과학화를 위해 채용과정을 체계적으로 설계하고 효과적으로 운영하는 데 필요한 원리와 지식들을 다루고 있다. 이 책은 몽골의 선발제도 변화를 위해 몽골어로 번역되어 출간되기도 하여, 우리나라를 넘어 아시아 지역에서도 활용되고 있다.

그 후 직무능력중심 선발이 강조되자 이를 지원하기 위해 NCS를 활용한 선발 지침서로, 2016년 하반기에 산업 및 조직심리 시리즈 세 번째 책인 「직무능력중심 채용과 NCS」를 출간하였다. 이 책에서는 직원을 선발하는 과정에서 지원자의 직무능력에 초점을 둔 평가가 이루어지도록 하기 위해 NCS를 활용하는 방법을 다루고 있다.

ORP연구소는 이번에 다시 산업 및 조직심리 시리즈 네 번째 책으로 「블라인드 채용」을 발간하게 되었다. 최근 들어 채용에서의 차별금지와 공정성 확보에 대한 요구가 증가되어 블라인드 채용이 강조되고 있으며, 이의 실행을 위해서 많은 조직에서 블라인드 채용을 도입·시행하고 있는 시점이다. 2017년에는 고용노동부에서 블라인드 채용의 지침이 제시되었는데, 이것을 구체화하기 위해 ORP연구소는 산업인력공단, 상공회의소와 함께 매뉴얼을 개발하였다. 그러나 블라인드 채용의 실행과 확산을 위해서는 선발 담당자와 지원자들 모두에게 보다 상세한 내용이 필요하다고 판단되어, 이에 저자들은 블라인드 채용에 관한 책을 발간하기로 하였다. 본 서에서는 블라인드 채용의 의의, 채용 차별의 실태와 법적인 근거, 실제 블라인드 채용의 설계와 서류전형, 필기전형, 면접전형의 각 단계별로 블라인드 채용의 이슈들을 기술하였으며, 블라인드 채용의 효과성 검증에 대해서도 소개하였다.

본 서의 발간을 위해서 오동근 부대표와 석현영 부대표, 김용운 이사, 강승혜 수석연구원, 이명규, 이도연, 김돈진, 최정락 책임연구원들이 수고를 하였다. 이 책에는 ORP 연구소의 블라인드 채용 컨설팅 경험과 그 동안 선발 컨설팅에서 축적된 지식들을 기반으로 얻어진 지혜가 담겨 있다.

이 책이 블라인드 채용을 도입하고 정교화 해 나가는 실무 담당자들과 블라인드 채용을 준비하는 지원자들에게 유용한 도움이 되기를 기대한다. 더 나아가 블라인드 채용이 확산되어 우리나라 선발 문화의 발전에 기여하고 기업과 국가의 경쟁력을 향상시키며 우리나라가 공정한 사회로 변해 가는 데에도 기여할 수 있기를 기대한다.

저자 이영석, 오동근, 석현영

| 목 차 |

1장. 블라인드 채용의 의미와 의의

신정부 출범 이후 블라인드 채용이 우리 사회의 중요한 이슈로 부각되고 있다. 이미 공기업과 준정부기구 등에 대해서는 2017년 하반기부터 블라인드 채용을 위한 정부 주도의 적극적인 변화 노력이 진행되고 있고, 이러한 노력은 향후 민간기업에도 확산될 예정이다.

블라인드 채용이란, 채용과정에서 불합리한 차별을 야기할 수 있는 출신지, 가족관계, 학력, 외모 등의 차별적 요소를 제외하고, 직무능력을 평가하여 인재를 채용하는 방식이다. 블라인드 채용은 지난 수년간 진행되어 온 직무중심 채용에서 한 걸음 더 나아가 채용과정에서 관행적으로 이루어져 온 다양한 형태의 차별을 해소하기 위한 것으로, 차별의 부당함에 대한 사회적 관심과 요구를 반영한 것이며 채용과정에서의 차별로 인한 기업과 사회의 불필요한 비용과 폐해를 감소시키고 공정한 채용문화를 확립하기 위한 것이다.

블라인드 채용이 신정부 초기에 이전 정부와의 차별화를 위해 실시하는 일시적 트렌드로 생각해서는 안된다. 블라인드 채용은 이미 선진국들에서 시행하고 있는 고용차별금지 제도와 맥을 같이 하는 정책으로, 우리나라가 선진국으로 가기 위해 요구되는 공정한 사회 시스템으로의 변화 흐름과 일치하기 때문이다. 미국과 서유럽, 북유럽 등의 선진국들은 채용시에 인종, 성별, 연령, 피부색 등의 차별적 요소를 없애고 균등고용기회를 제공하기 위해 법률적 및 정책적 방안들을 시행하고 있다.

특히 미국의 경우, 1964년 시민권법을 기반으로 미국연방고용평등위원회(Equal Employment Opportunity Committee;EEOC)를 설립하여 모든 유형의 고용차별을 금지하기 위한 활동을 실시하고 있다. 미국에서 금지하고 있는 가장 대표적인 차별의 대상은 인종, 피부색, 국적, 종교, 성별, 연령 및 장애이며, 적용 대상은 CEO부터 신입직 및 인턴사원까지 모두 해당된다. 이들의 차별금지 대상에 성별, 연령, 장애 등이 포함되어 있는 것은 우리와 동일하다. 다만, 이들 국가에서는 성별, 연령, 장애 등의 요소뿐 아니라, 인종, 피부색, 종교 등을 강조하고 있는 반면에 우리나라에서는 학벌, 출신 지역 등이 강조된다는 점은 차이가 있다. 이는 서양의 국가들과 우리나라와의 역사·사회·문화적 차이에 기인한 것이라 할 수 있다.

블라인드 채용 도입 배경

우리 사회에 블라인드 채용이 도입된 직접적 계기는 채용에서의 불공정성을 해소하려는 정부의 노력에 기인한 것이지만, 이는 우리 사회의 다양한 사회적 변화들을 반영한 것이다. 블라인드 채용의 필요성이 증가하게 된 가장 큰 계기는 차별 철폐에 대한 법적 요구의 증가이다. 시민의식의 성숙과 시대적 변화에 따라 인권의 중요성이 강조되고 있으며, 이에 따라 사회 전반에서 개인의 권리가 강화되고 있고 기업의 채용에서도 지원자들의 권리가 강조되고 있다. 이러한 사회적 변화를 반영하여 차별 금지에 대한 법적 요건이 점차 권고적 성격에서 처벌을 동반한 의무적 성격으로 강화되고 있다. 차별의 범위 또한 성별, 연령, 장애 등에서 신체조건, 학벌, 학력 등으로 확대되고 있으며, 이 외에도 채용과정에서의 차별 금지를 위한 다양한 법안들이 발의 중에 있다. 청년 실업률의 증가와 지속적인 취업난으로 인해 정부에서도 청년들의 취업 기회 확대를 위한 노력의 일환으로 채용에서의 차별 철폐 및 공정성 확립을 위해 노력하고 있다는 것과, 불합리한 차별에 대한 지원자들의 법적 대응 움직임의 증가도 블라인드 채용의 필요성을 더해준다.

블라인드 채용이 필요한 또 다른 이유는 차별로 인한 사회적 비용 때문이다. 지금도 여전히 많은 기업들에서 학벌, 외모, 연령, 출신, 가족관계 등이 채용 의사결정에 중요하게 반영되고 있다. 이는 우수 인재의 사회참여를 저해하여 우리 사회의 경쟁력을 저하시킬 뿐 아니라, 학벌주의, 외모지상주의, 성형만능주의 등을 심화시켜 사회적 문제를 증가시키고 있다. 더욱이 이러한 차별 관행은 학연, 지연, 혈연, 인맥에 의한 불공정 채용을 감추고 용이하게 하는 원인이 되고 있다. 블라인드 채용은 채용에서의 공정성을 높여 우리 사회의 신뢰 수준을 높이고 차별로 인한 사회적 비용을 감소시킬 것으로 기대된다.

블라인드 채용이 기업의 사회적 책임만을 요구하는 것은 아니다. 차별을 배제한 직무능력 중심의 채용은 기업의 채용 비용을 감소시키고 더 나아가 기업의 경쟁력을 강화하는데 필수적이다. 지원자의 직무능력과 무관한 학력과 학벌 위주의 선발은 우수한 능력을 가진 여성, 장애인, 지방대생 등의 인재 선발 기회를 상실함으로써 기업의 경쟁력을 약화시킬 수 있으며, 신입직원의 재교육 기간과 비용의 증가를 가져오게 될 수 있고, 불필요한 고학력과 고스펙을 가진 신입직원의 선발로 인한 직무몰입 저하와 조기 이직률의 증가를 가져올 수 있다. 이러한 비용을 감소하기 위해서는 기업이 채용과정에서 차별을 없애고 직무능력 중심의 채용을 해야 한다.

블라인드 채용의 핵심 요소

블라인드 채용의 핵심 이슈는 채용의 공정성이다. 이러한 관점에서 블라인드 채용에서는 차별금지, 직무능력 중심, 지원자 존중의 3가지 요소가 강조된다.

차별 금지

블라인드 채용에서 가장 강조하는 것은 성별, 연령, 종교, 출신지역 등에 의한 차별을 배제하는 것이다. 채용에서의 차별이란, 차별적 요인에 의해 채용과정에서 공정한 기회가 주어지지 않는 것을 의미한다. 차별적 요인이란 소극적 관점에서는 국가가 법률로서 차별을 금지하고 있는 항목들을 의미하며, 보다 적극적 관점에서는 개인의 노력이나 의지와 무관하게 결정된 모든 개인적 특성들을 의미한다고 할 수 있다. 공정한 기회가 주어지지 않는 것은 채용과정에서 기업이 의도적으로 차별을 시도한 경우인 차별 조치(Differential Treatment)와 직접적으로 의도하지는 않았지만 결과적으로 차별을 가져오게 되는 경우인 차별 효과(Differential Effect)를 모두 포함한다. 전자의 예로는 서류전형에서 여성에게 의도적으로 낮은 점수를 부여하는 경우를 들 수 있으며, 후자의 예로는 컴퓨터와 키보드를 이용해서 기획서를 작성해야 하는 과제에서 일반 키보드를 사용함으로써 손에 장애가 있는 사람들이 결과적으로 낮은 점수를 받게 되는 경우가 있다.

직무능력 중심

블라인드 채용에서 차별을 배제했다고 해서 공정한 채용이 이루어지는 것은 아니다. 직무능력 중심의 채용 또한 블라인드 채용에서 중요한 요소이다. 예를 들어 과거에 관행처럼 요구되거나 평가되어 왔던 봉사활동이나 어학연수와 같은 불필요한 스펙들의 경우, 차별의 대상은 아니지만 직무수행과 직접적 연관성이 없으므로 이를 채용결정 과정에 반영하는 것은 공정하지 못하기 때문이다. 채용의 목적은 해당 직무수행에 가장 적합한 인재를 선발하는 것이며, 따라서 채용에서의 모든 평가요소는 직무 관련 특성들(Work-Related Characteristics; WRCs)에 초점을 두어야 한다.

지원자 존중

블라인드 채용에서 강조하는 또 다른 요소는 지원자들에 대한 존중과 배려이다. 이는 채용의 공정성과 직접적으로 관련되지 않는다고 생각하기 쉽지만, 채용의 절차적 공정성에 있어서 중요한 요소이다. 여기에는 정보적 배려, 절차적 배려, 인격적 존중 등이 포함될 수 있다. 정보적 배려란, 지원자들에게 자신이 지원하는 회사와 직무에 대한 정보, 지원요건에 대한 정보, 채용절차에 대한 정보 등을 제공하는 것이다. 절차적 배려란, 지원서 제출에서 최종 합격자 통보까지의 채용과정 전반에 걸쳐, 지원자들이 보다 쉽고 편리하게 지원하고 평가받을 수 있도록 배려하는 것을 의미한다. 마지막으로 인격적 존중이란, 채용의 전 과정에 걸쳐 기업이 지원자의 신상관련 정보, 질병관련 정보, 가족사항에 대한 정보 등의 사생활과 관련된 정보를 수집하지 말아야 하며 지원자들에 대해 존중하는 태도와 행동을 유지해야 함을 의미한다.

블라인드 채용을 위한 과제

블라인드 채용의 핵심은 채용에서의 공정성을 강화하는 것이고, 그 핵심은 차별을 배제한 채 직무능력 중심으로 지원자들을 평가하는 것이다. 따라서 블라인드 채용을 위해 기업은 현재 채용방식을 개선하여 직무능력 중심의 채용을 강화해야 한다. 이를 위해 가장 기초가 되는 것은 채용대상 직무를 분석하여 직무의 내용과 필요 지식, 기술, 능력, 태도 등을 파악하고, 이 중 채용과정에서 평가할 평가요소를 구체화 하는 것이다. 기업이 자체적으로 직무분석을 실시하기 어렵다면 국가직무능력표준(National Competency Standards; NCS, 이하 NCS)[1]을 활용하는 것도 한 가지 방법이 될 수 있다.

직무분석을 통해 밝혀진 직무의 내용과 평가요소는 채용 전반을 설계하고 평가도구를 개발하는 데 활용되는 가장 기초적이고 핵심적인 자료가 된다. 직무수행에 필요한 인적 특성이 무엇인지에 따라 이를 평가하는 데 적합한 평가방법을 선정하고, 가장 효과적이고 효율적인 방법으로 평가 프로세스가 결정될 수 있기 때문이다. 가장 일반적으로 사용되는 채용전형은 서류전형(입사지원서, 자기소개서 등), 필기전형(적성검사, 인성검사, 지식시험 등), 면접전형(구술면접, 발표면접, 토론면접 등)이다. 이 과정에서 실행가능성을 고려하여 평가기법을 선정하기보다는, 우선 평가요소별 적합한 평가기법을 선정한 뒤에 평가기법을 실행할 방법에 대해 고민하는 것이 바람직하다.

직무분석에서 도출된 평가요소는 차별적 요소를 배제하는 과정에서도 중요하게 활용된다. 입사지원서에 직무수행과 직접적 관련성이 없는 성별, 종교, 연령, 외모(신체조건), 학력, 출신학교, 어학성적 등에 대한 정

---

1) 국가직무능력표준(National Competency Standards; NCS): 정부가 산업현장의 직무를 성공적으로 수행하는데 필요한 능력을 산업별·수준별로 체계화한 것.

보를 요구하지 않도록 해야 하며, 이 중 직무수행에 반드시 필요한 항목
이 있는 경우에는 그 이유를 모집공고문 및 입사지원서 등에 명시해야 한
다. 필기전형을 실시할 경우에는 직무와의 관련성을 고려해야 하며 공정
성 확보를 위해 사전에 평가과목을 공개해야 한다. 면접 시에는 차별유발
항목을 포함한 개인의 신상정보를 사전에 면접위원에게 제공하지 않아야
하며, 면접위원 또한 지원자에게 차별을 유발하는 질문을 하지 않아야 한
다. 이를 위해서는 면접의 구조화 및 면접위원 교육이 이루어져야 한다.
면접의 구조화를 위해서는 면접 평가요소, 면접질문, 면접절차, 점수부여
방법 등이 사전에 구체화되어야 하며, 면접위원 교육에서는 면접의 평가
요소에 대한 이해, 질문스킬, 평가스킬, 진행스킬 등에 대한 교육 뿐 아
니라, 면접에서의 차별과 지원자의 사생활 존중의 이슈에 대해서도 심도
있는 교육이 이루어져야 한다.

그러나 기업이 직무중심으로 채용을 설계하고 차별적 요소들을 배제하
기 위해 노력한 것만으로는 채용의 공정성이 확립되었다고 할 수 없다.
이러한 채용 과정상의 노력이 공정성 확보를 위한 노력인 것은 맞지만,
결과적으로 공정했는가를 입증하는 증거가 될 수는 없기 때문이다. 이러
한 이유에서 채용 의사결정의 타당성에 대한 입증이 요구된다. 즉, 채용
과정에서의 평가가 객관적이고 공정했다는 것과 이를 통해 채용된 인력들
이 채용되지 못한 인력들에 비해 해당 직무수행이 더 우수함이 입증되어
야 하는 것이다. 이를 입증하는데 유용한 정보는 채용과정에서의 평가요
소가 직무특성을 반영하고 있음을 보여주는 직무분석 자료, 같은 면접실
내 면접위원 간 점수평가가 어느 정도 일치함을 나타내는 면접위원 점수
간 상관분석 자료, 채용평가에서의 점수가 입사 후의 교육훈련 점수나 업
무수행 점수와 유의미한 관련성이 있음을 보여주는 회귀분석 자료 등이
다.

이러한 정보들은 채용 의사결정의 타당성을 입증하기 위한 자료로 활용될 뿐 아니라, 향후 채용평가의 절차와 방법을 개선하기 위한 기초자료로도 활용될 수 있으며, 만일의 경우에 법적 소송이 발생할 경우 기업이 대응할 수 있는 최고의 법적 방어 수단이 될 수 있다. 특히, 기업이 차별배제를 위해 많이 노력했음에도 불구하고 여성, 장애인, 기혼자의 합격률이 남성, 비장애인, 미혼자의 합격률보다 현저하게 낮은 경우와 같이 결과적인 차별이 발생한 경우에는, 채용 과정상의 차별배제를 위한 노력의 증거와 채용 결과의 타당성에 대한 증거가 법적 방어를 위한 필수적인 정보로 활용된다.

따라서 이 책에서는 블라인드 채용을 위해 요구되는 공정성과 타당성 제고를 위한 방법들을 제공한다. 이를 위해 먼저, 2장에서는 블라인드 채용과 관련된 국내의 관련 법률을 제시하고, 선진국의 관련 법조항에 대한 소개를 통해 향후 국내 법률 개정의 방향을 이해할 수 있도록 하였다. 3장에서는 직무분석을 통한 평가요소의 선정과 채용 프로세스의 설계 등 블라인드 채용을 설계하는 방법에 대해 제시하였으며, 4장에서 6장까지는 서류전형, 필기전형, 면접전형별로 블라인드 채용을 도입하기 위한 방법들뿐 아니라 공정성과 타당성을 제고하기 위한 방안들을 제시하였다. 마지막 7장에서는 채용의 효과성을 검증하기 위한 방법들을 다루었다.

2장. 채용 차별 실태와 법제

우리나라는 헌법과 법률에서 개인의 평등권과 취업기회의 균등한 보장 및 채용상 차별 금지를 규정하고 있다. 그러나 법적 구속력이 약할 뿐만 아니라, 채용 차별의 범주와 그 문제점에 대한 고용주와 인사담당자의 인식이 미흡하여 공공연하게 채용 차별이 있어 왔다.

최근에는 정부의 블라인드 채용 정책 추진으로 인해, 채용 과정에서 직무수행능력과 무관한 정보를 요구하는 것이 바람직하지 않다는 것에 대한 사회적 인식이 널리 확산됨에 따라, 기업이나 기관의 채용 차별이 사회적 이슈로 대두되고 있다. 이전에 비해 지원자들이 채용 차별에 대해 적극적으로 저항하고 있으며, 기업이나 기관의 채용브랜드 이미지에 부정적 영향을 미치기도 한다.

정책 및 사회적으로 채용에서의 차별금지에 대한 요구가 커져가고 있는 상황에서 기업 및 기관은 채용 제도를 어떻게 정비해 나가야 할까? 이 장에서는 채용 차별 실태를 파악한 후, 국내법을 중심으로 채용 차별의 의미와 구체적 기준에 대해 살펴보고자 한다.

채용 차별의 실태

국가인권위원회(이하 인권위)는 2016년에 채용사이트인 '잡알리오'와 '사람인'을 통해 공개채용을 실시한 공공기관 및 민간상장기업을 대상으로 수집한 입사지원서 3,567개에 대한 채용 차별 실태 모니터링을 실시하였다. 모니터링 결과에 따르면, 평균적으로 직무와 직접적 관련이 없는 4개 (최소 0개~최대 10개)의 차별 요소를 요구하고 있는 것으로 나타났다.

입사지원서에 가장 많이 요구하고 있는 차별요소는 '나이'로 전체 분석에 활용한 입사지원서의 98.5%가 지원자들에게 연령 정보를 기입하도록 하고 있었다. 직무수행에 연령이 중요하게 영향을 미친다는 합리적 근거 없이 모든 직무분야에 걸쳐 입사지원서에 연령을 기입하도록 하고 있어, 실제 채용 공고상에 연령 제한이 명시되어 있지 않더라도, 지원자에게 불리한 차별적 요소로 작용할 가능성이 높은 것으로 나타났다. 이렇게 기업이나 기관에서 연령을 고려하는 이유로 연령에 따라 체력, 신체적 활동성이 달라 업무 수행능력에 차이가 있을 것이라는 점, 일정 근무기간이 확보되어야 한다는 점, 지휘체계, 조직구성원 나이 분포, 유기적 업무협조 등 조직문화에 부합되어야 한다는 점 등을 들었는데, 이는 합리적인 이유라고 보기 어렵다.

연령 외에도 학력, 출신학교 등의 교육관련 정보(94.7%)와 키, 몸무게, 시력, 혈액형 등과 같은 외모 및 신체조건 정보(93.9%)를 많이 요구하고 있었고, 그 다음으로는 성별(68.4%), 출신 지역(32.5%), 혼인 여부(12.8%), 종교(8.5%), 병력(2.7%) 등의 순으로 나타났으며, 주거 형태, 재산 정보 (부동산, 동산 등) 등의 사회적 신분(2.2%)을 묻는 경우도 있었다.

채용 차별은 어느 한 단계에서만 일어나는 것이 아니라 전 영역에 걸쳐서 다양한 방식으로 발생할 수 있다. 고용노동부는 2015년에 고용정책기본법상의 차별사유가 선발기준으로 고려되는지 파악하기 위해 인사담당자들을 대상으로 심층면접을 실시하였다. 그 결과, 면접전형에서도 차별 사유와 관련된 고정관념을 바탕으로 질문하거나, 차별 사유를 평가에 반영하는 등의 차별이 이루어지고 있는 것으로 나타났다. 구체적으로, 면접 과정에서 성별에 따라 질문사항을 달리하거나, 외모 및 신체조건을 이유로 면접에서 낮은 점수를 주거나, 특정 출신 학교 지원자에게만 질문을 많이 하고, 다른 학교 지원자에게는 질문을 하지 않는 등의 차별 행위가 이루어지고 있었다.

또한, 인권위가 2014~2016년에 면접을 경험한 구직자 500명을 대상으로 모니터링을 실시한 결과, 차별의 여지가 있는 개인정보와 관련해 여성이 많이 받는 질문은 나이(84.5%), 학력(73.6%), 혼인여부(64.4%), 가족형태나 상황(57.3%), 성별(49.0%)순이었으며, 남성이 많이 받은 질문은 나이(75.1%), 학력(73.2%), 혼인여부(52.5%), 가족형태나 상황(50.2%) 용모 등 신체조건(46.0%) 순이었다. 차별 사유 순위에 있어 남자와 여자의 차이가 있었지만, 공통적으로 나이, 학력, 혼인여부, 가족형태나 상황과 같은 요소에 대한 질문을 많이 받은 것으로 나타났으며, 이를 평가요소로 반영하고 있지 않다고 하더라도, 관련 질문 자체를 차별 행위로 볼 수 있다.

한편, 공공기관 및 지자체 채용 규정에 대해 조사한 결과에서도 잠재적으로 차별의 가능성이 발견되었다. 고용노동부가 2015년에 실시한 공공기관 채용관련 법령, 행정규칙, 자치법규에 대해 조사한 결과, 채용 과정에서 성별, 종교, 생년월일, 학력, 학교명, 미필사유, 사진, 가족상황, 가족의 직업 및 최종학력, 재산 상황 등을 고려하고 있는 것으로 드러났다. 특히, 이러한 차별요소를 합리적 근거 없이 채용 기준으로 고려하거나 제한하고 있어 채용 차별이 우려되는 상황인 것으로 조사되었다. 종교를 채용기준으로 두고 있는 법령, 행정규칙 사례는 발견되지 않았으나, 일부 자치법규 신상카드에는 종교를 기재하도록 하고 있고, 연령, 신체조건,

학력, 미필 사유 등을 요구하고 있으며, 연령을 채용기준으로 삼은 법령, 행정규칙은 개정을 통해 기준이 폐지되거나 대폭 완화되었으나 일부 규정은 여전히 남아 있다. 신체조건을 채용기준으로 삼고 있는 경우는 경찰직, 소방직, 교정직 공무원 채용 시 적용되는 법령, 행정규칙, 자치법규의 비중이 높았으며, 신체조건이 직무상 필수적인 조건인지에 대해 논란이 계속되고 있는 상황이다.

이처럼 기업이나 기관에서는 채용 전형별로 차별적 결과를 가져올 개연성이 높은 채용 방식을 취해 왔으며, 이를 개선하기 위해 적극적으로 조치할 필요가 있다. 기업이나 기관은 채용 단계별로 발생 가능한 차별 요인에 대해 자율적으로 점검하고, 채용 차별을 금지하는 블라인드 채용 정책에 맞춰 채용 제도를 재정비해야 한다. 이를 위해서는 우선 채용 차별의 의미와 형태를 이해하고, 법으로 보호되는 차별 금지사유와 차별의 범주를 확인할 필요가 있다.

채용 차별 금지 관련 법률

채용에서의 차별이란, 채용 과정에서 특정한 사람이나 집단을 우대·배제·구별하거나 불리하게 대우하는 행위를 의미한다. 우리나라는 여러 법률을 통해 이를 금지하고 있는데, 구체적으로 살펴보면 다음과 같다. 취업기회에서 차별을 금지하는 「고용정책기본법」 제7조(취업기회의 균등한 보장)에서는 사업주에게 성별, 종교, 연령, 신체조건, 사회적 신분, 출신지역, 학력, 출신학교, 혼인·임신 또는 병력 등을 이유로 차별해서는 안 되고, 균등한 취업기회를 보장하도록 규정한다. 개별적인 차별금지 사유로 채용 및 모집에서의 차별을 금지하는 법률은 「남녀고용평등 및 일·가정양립지원에 관한 법률」 제7조(모집과 채용), 고용상 연령차별금지 및 고령자고용촉진법 제4조의 4(모집·채용 등에서의 연령차별 금지), 「장애인차별금지 및 권리구제에 관한 법률」 제10조(차별금지) 제1항이 있고, 이들은 각각 성, 연령, 장애를 이유로 한 차별을 금지한다. 또한 「국가인권위원회법」에서는 성별, 종교, 장애, 나이, 사회적 신분, 출신지역(출생지, 원적지, 본적지, 성년이 되기 전의 주소나 거주지 등), 출신국가, 출신민족, 신체조건, 혼인여부, 임신 또는 출산, 가족사항, 인종, 피부색, 사상 또는 정치적 의견, 형의 효력이 실효된 전과, 성적 지향, 학력, 병력 등과 같은 19개의 사유로 인한 모집·채용에서의 차별을 금지하고 있다.

채용 차별 금지관련 법률 외에 지원자의 권익 보호와 채용의 공정성 확보를 목적으로 한 「채용절차의 공정화에 관한 법률」이 있다. 이 법률에서는 채용과정에서 구직자가 제출하는 채용서류의 반환 등 채용절차에서의 최소한의 공정성을 확보하기 위한 사항을 정해두고 있다. 구체적으로, 고용주의 과장된 채용광고를 금지하고, 구인자가 구직자에게 채용심사 비용을 부담시키는 것을 원칙적으로 금지하며, 채용 서류를 반환하도록 하고, 전자 접수를 장려하며, 채용 일정, 지원서 접수 사실 및 합격·불합격 여부 등을 명확히 고지하도록 하는 것에 대한 내용을 포함하고 있다. 최근에는 직무와 무관한 신상 정보를 요구 및 수집할 시 500만 원 이하의 과태료를 부과하는 등 채용 과정에서 지원자가 차별받지 않는 방향으로 법률을 강화하기 위해 다수의 국회의원들이 「채용절차의 공정화에 관한 법률」 개정안을 발의하고 있다.

법제별로 차별 금지 내용은 조금씩 다르지만, 공통적으로 생물학적 요인, 태생적 요인, 사회적 요인 등의 비자발적 요소로 인해 선택이나 기회의 제한이 있는 개인들 뿐만 아니라 사회에서 상당한 기간 동안 역사적으로 차별을 받아온 집단, 특정한 사회적 맥락이나 국가 차원에서 정치적 영향력을 행사하여 자신들의 이해관계를 보호할 능력이 취약한 집단 등을 대상으로 하고 있다. 특히, 성별, 장애, 사회적 신분, 출신 지역 등의 차별

표 2-1. 현행 채용 차별 관련 법률

법률명	차별금지 내용	처벌
「고용정책기본법」	사업주는 근로자를 모집·채용할 때 성별, 신앙, 연령, 신체조건, 사회적 신분, 출신지역, 출신학교, 혼인·임신 또는 병력을 이유로 차별을 하여서는 아니되며, 균등한 기회를 보장하여야 함	없음
「남녀평등과 일·고용 양립 지원에 관한 법률」	사업주는 근로자를 모집하거나 채용할 때 남녀를 차별하여서는 아니됨. 사업주는 여성근로자를 모집·채용할 때 그 직무의 수행에 필요하지 아니한 용모·키·체중 등의 신체적 조건, 미혼 조건, 그 밖에 고용노동부령으로 정하는 조건을 제시하거나 요구하여서는 아니 됨	500만원 이하의 벌금
「고용상 연령차별금지 및 고령자고용촉진등에 관한 법률」	사업주는 모집·채용, 임금, 임금 외의 금품지급 및 복리후생, 교육·훈련, 배치·승진·전보, 퇴직·해고 시 연령을 이유로 차별해서는 아니 됨	500만원 이하의 벌금
「장애인 차별금지 및 권리 구제 등에 관한 법률」	사업주는 모집·채용, 임금 및 복리후생, 교육·배치·승진·전보, 정년·퇴직·해고에 있어 장애인을 차별하여서는 아니 됨	3년이하의 징역 또는 3천만원 이하의 벌금
「국가인권위원회법」	"평등권 침해의 차별행위"란 합리적인 이유 없이 성별, 종교, 장애, 나이, 사회적 신분, 출신 지역(출생지, 등록기준지, 성년이 되기 전의 주된 거주지 등), 출신 국가, 출신 민족, 용모 등 신체조건, 기혼·미혼·별거·이혼·사별·재혼·시실혼 등 혼인 여부, 임신 또는 출산, 가족형태 또는 가족상황, 인종, 피부색, 사상 또는 정치적 의견, 형의 효력이 실효된 전과, 성적 지향, 학력, 병력 등을 이유로 고용(모집, 채용, 교육, 배치, 승진, 임금 및 임금 외의 금품 지급, 자금의 융자, 정년, 퇴직, 해고 등과 관련하여 특정한 사람을 우대·배제·구별하거나 불리하게 대우하는 행위를 말함	없음

사유로 분류되는 여성, 장애인, 특정 사회적 신분을 가진 자, 특정 지역 출신자 등이 역사적으로 심한 차별을 받아 온 집단이라 할 수 있으며, 이들에 대한 차별 금지를 강조하고 있다.

직접차별과 간접차별

채용에서의 차별은 어떤 대상을 상대적으로 불리하게 대우하는 경우뿐만 아니라 다른 대상을 상대적으로 유리하게 대우하는 경우에도 발생한다. 즉, 직접적으로 불리한 대우가 없다 하더라도 특정 대상이 더 유리한 대우를 받는 경우나 특정 대상만 유리한 대우에서 배제됨으로써 간접적으로 불리한 대우를 받는 경우에도 차별은 발생한다고 할 수 있다. 전자를 직접차별 또는 차별조치(Differential Treatment)이라 하고, 후자를 간접차별 또는 차별효과(Differential Effect)이라 한다.[2]

직접차별은 성별, 연령, 신체조건, 성적 지향 등 개인의 선천적 특성뿐만 아니라 후천적 속성을 기준으로 합리적 이유 없이 불이익한 대우를 하는 것을 의미한다. 반면, 간접차별은 중립적인 기준을 적용하였으나 실질적으로는 그 기준이 한 집단에 비해 다른 집단에게 불리한 결과를 야기하는 경우를 일컫는다. 즉, 직접차별이 편견이나 고정관념에 기반하여 의도적으로 다르게 대우하는 것에서 기인한다면, 간접차별이나 체계적 차별 또는 '불평등 효과'에 의한 차별은 특정 소수자 집단에게 현저하게 불리한 영향을 미치는 기준이나 행위에 의해 이루어진다.

특히, 간접차별은 여성, 장애인 등 소수자에 대한 채용 차별 등 고용관

---

[2] 미국에서는 differential treatment, disparate treatment와 differential effect, disparate impact, adverse impact, adverse effect라는 용어를 영국과 호주에서는 direct discrimination와 indirect discrimination 이라는 용어를 사용하며, 본 저에서는 법제관련 정부정책연구보고서와 같이 영국과 호주의 용어를 적용하여 직접차별과 간접차별이라 이른다.

계상의 차별에서 발전된 법리라는 점, 차별의 증명이 대단히 어려운 상황에서의 차별금지 법규를 적용하기 위한 법리라는 점 등에 주목할 필요가 있다. 우리나라에서 간접차별의 개념은 남녀고용평등법 제3차 개정('99. 2.8)시 처음 도입되었으며, 이후 법 개정을 통해 보다 구체적으로 정의되어 있다. 영국이나 미국 또는 유럽의 각국에서는 이미 오래전부터 상당히 구체적인 내용으로 규정하고 있는 사항이다. 「남녀고용평등법」은 제2조 '차별'의 개념에 '사업주가 채용조건이나 근로조건은 동일하게 적용하더라도 그 조건을 충족할 수 있는 남성 또는 여성이 다른 한 성에 비하여 현저히 적고 그에 따라 특정 성에게 불리한 결과를 초래하며 그 조건이 정당한 것임을 증명할 수 없는 경우'가 포함된다고 명시되어 있다. 또한, 「고용상 연령차별 금지 및 고령자고용촉진에 관한 법률」 제4조의4에 따르면 '합리적 이유 없이 연령 이외의 기준을 적용하여 특정 연령집단에 특히 불리한 결과를 초래하는 경우에는 연령 차별로 본다'고 명시되어 있다. 한편, 인권위는 성별을 포함하여 「국가인권위원회법」에 열거된 모든 차별사유에 대하여 간접차별이 금지된다는 점을 밝히고 있다.

차별 이슈에 대한 진정한 해결은 모든 형태의 불합리한 차별을 배제하는 데에 있다. 따라서 비교적 인식하기 쉬운 직접적 차별뿐만 아니라 처음부터 의도되지는 않았지만 결과적으로 발생하였기 때문에 상대적으로 인식하기 어려운 간접적인 차별까지도 차별 개념에 포함시켜 그것이 합리적이지 않은 경우, 배제하려는 노력이 필요하다. 기업이나 기관에서는 채용 기준이나 관행이 특정 집단에게 불리한 효과를 가져오는 영역에 주의를 기울이고, 차별이 발생하지 않도록 하는 예방과 노력이 필요하다. 특히, 간접차별을 예방하기 위해서는 '객관적' 기준이라 할지라도 불평등한 결과를 일으킬 가능성이 없는지를 주의해야 할 것이다.

진정직업자격과 적극적 우대 조치

지금까지 법률상 명시하고 있는 채용 차별의 개념에 대해 살펴보았는데, 채용 차별 요소에 대한 판단은 어떻게 내릴 수 있을까? 무엇을 기준으로 합리적 채용 평가요소인지, 위법한 차별 요소인지를 판단할 수 있을까?

우리나라 법제에서는 '진정직업자격'이 차별 여부를 판단함에 있어 결정적 기준이 된다. 차별의 판단은 법률전문가에게도 매우 까다롭고 어려운 문제다. 직접차별의 경우 상대적으로 쉽게 판단을 내릴 수 있지만, 오늘날 차별의 양상은 직접차별보다는 간접차별 내지 구조적 차별이 많고, 복합적이며 은폐되어 있는 차별이 더욱 증가하고 있다. 따라서 어떠한 상황이 차별에 해당된다는 인식 자체를 못한 채 차별 관행이 지속되는 상황도 있다.

모집·채용에서 특정인 또는 특정 집단에게 불리한 기준을 적용하는 경우, 일반적으로 「고용정책기본법」 제7조를 위반한 차별에 해당할 수 있다. 다만 그 모집·채용 기준이 직무상 필수적인 조건 즉, 진정직업자격에 해당하거나 기업 문화 또는 조직 질서를 유지하는데 필요한 조건으로서 합리성이 인정되면, 법 위반의 문제는 없게 된다. 우리 법제에서 말하는 진정직업자격은 그 직무의 성격에 비추어 특정 요건이 불가피하게 요구되는 경우를 의미한다. 즉, 그 직무와 관련성이 없는 요건을 지원자에게 요구하고, 그것이 차별적인 요인으로 작용한 경우에는 위법한 차별이 된다. 즉, 특정 성별, 특정 종교인, 또는 특정 연령이어야 하는 것이 해당 직무의 안전하고 효율적인 수행이나 사업의 본질의 정상적 운영을 위해 합리적으로 필요하다고 객관적으로 인정되는 경우, 특정 집단의 구성원만을 선발하는 것은 차별이 아니다.

예를 들어, 특정한 성별의 근로자가 그 직무의 본질적인 의무를 수행할 수 없다는 것을 보여줄 수 있다면 진정직업자격이 인정된다. 그러나, 여성의 이직률이 남성보다 높다거나 여성은 책임감이 부족하다는 등 양성의 상대적 근무특성에 관한 가정에 근거한 차별은 진정직업자격에 해당하지 않는다. 남성은 세심한 분야에 잘 적응하지 못하는 경향이 있다거나 여성은 육체적인 힘이 약하다는 등의 성별 고정관념에 근거한 것은 진정직업자격이 아니다. 여성 또는 남성에 대한 고객의 선호도 진정직업자격이 아니다.

한편, 채용 차별 판단 시 진정직업자격과 함께 중요하게 고려되는 것이 '적극적 우대조치'이다. 적극적 우대조치는 사회에서 차별을 받아 온 집단에 대해, 차별로 인한 불이익을 보상해 주기 위하여 그 집단의 구성원이라는 것을 이유로 취업이나 학교 입학 기타 사회적 이익을 직접 또는 간접으로 부여하는 정책을 의미한다(「국가인권위원회법」 제2조 제4호). 이는 차별의 금지만으로는 실질적으로 해소하기 어려운 뿌리 깊은 차별을 해소하기 위한 조치이다. 차별의 시정이 아니라 단지 다양성을 확보하기 위한 차원에서 특정 집단을 우대하는 것은 적극적 조치가 아니다. 적극적 조치는 단순히 수치상 균형적인 노동력의 구성비를 유지하기 위해서 필요한 것이 아니라 명백한 불균형을 시정하기 위해 필요한 조치를 의미한다. 적극적 조치는 현저한 차별을 시정하는 것을 목표로 하고, 시정하고자 하는 불균형이 시정되면 종료되는 잠정적 또는 한시적인 것이어야 한다. 또한 비우대 집단의 권리 또는 이익을 과도하게 침해할 경우에는 정당화될 수 없다. 또한, 출신학교를 이유로 한 차별을 시정하기 위한 일환으로 「지방대학 및 지역균형인재 육성에 관한 법률」(이하 지역균형인재육성법)에 근거하여, 국가 및 지방자치단체는 신규 임용하는 국가공무원 및 지방공무원 중 지역인재가 일정 비율 이상 확보될 수 있게 시행계획을 수립·실시하도록 하고 있다(「지역균형인재육성법」 제12조).

이와 같은 법률들에 따라, 차별시정을 위해 필요한 정도의 우대를 위한 조치는 차별의 예외에 해당한다.

채용 차별의 법적 논쟁 사례

채용 차별의 가능성에 대한 이슈는 많이 제기되고 있지만, 법적인 소송으로 이어지는 경우는 지금까지 거의 없다고 할 수 있다. 지원자가 채용 차별에 대한 법적인 소송을 제기할 경우, 지원자가 차별로 인한 불이익이나 불리한 조치를 받았음을 법리에 따라 명확히 입증하는데 어려움이 있기 때문이다. 직접차별에 대해 소송을 제기하는 경우, 불합리한 사유로 고용관계상 불이익이 있었다는 직접적 인과관계가 있음이 입증되어야 한다. 간접차별의 경우에는 차별 사유와 채용 불이익 사이의 인과관계가 없어도 되지만, 다른 모든 조건이 동일한 경우에도 특정 소수자에 대한 불이익이 존재한다는 것을 통계적으로 입증해야 하는 어려움이 있다.

이에 비해, 인권위에 차별행위에 대한 진정을 제기하는 사례는 매년 점점 증가하고 있다. 이는 진정을 제기하는 절차와 방법이 비교적 용이하고, 즉각적인 조사와 시정 조치가 진행되며, 시정 조치 결과(차별 결정례)가 홈페이지에 공개됨에 따라 언론에서도 종종 이슈로 다루기 때문이다.

최근에 이슈가 된 인권위의 차별 결정례 중 각각 직접차별과 간접차별에 해당하는 두 가지 사례에 대해 구체적으로 살펴보자.

첫 번째는 채용 과정에서 신체조건이나 혼인 여부 등의 사유로 지원자를 채용에서 배제한 '직접차별' 사례이다. 2017년 5월, 부산 지역 ㄱ신문사의 비서 채용 시, 전화인터뷰를 통해 키와 결혼 예정 시기를 질문하였다. 이에 지원자가 인권위에 전화 인터뷰 질문을 받은 여성이 채용 차별을 당했다며 제기한 진정을 받아들여 해당 신문사 대표에게 직원 채용 시 혼인 여부 및 신체 조건 등을 이유로 차별행위를 하지 않도록 재발 방지

대책을 세우라고 권고했다. 인권위는 전화 인터뷰에서 결혼예정 시기를 물은 것은 기혼자 채용을 기피하려는 의도이며 키에 대한 질문은 비서직 여성은 키가 크고 날씬해야 한다는 편견에 기초한 것이라고 판단했다. 이어 채용 과정에서 이들 질문을 한 것은 '남녀고용평등과 일·가정 양립 지원에 관한 법률' 7조를 어긴 것이며, 이를 위반하면 500만원 이하의 벌금에 해당한다고도 지적했다. 해당 신문사는 신체 조건과 결혼 여부 등에 대한 질문에 차별적인 요소가 있다고 인지하지 못했으며, 추후 직원을 채용할 때는 인권침해나 차별행위가 없도록 하고 지원자의 능력을 우선적으로 평가하기로 하였다.

두 번째는 '체력시험'이라는 중립적인 평가기준을 적용하고 있지만, 결과적으로 여성 지원자가 채용에서 배제된 '간접차별' 사례이다. 2015년, ㄴ시는 환경미화원을 채용하기 위한 체력시험에서 윗몸일으키기(제한시간 1분), 철봉 잡고 오래 매달리기(제한시간 2분), 모래주머니(10kg) 메고 50m 달리기 등 3가지 종목을 평가했다. 평가방법과 기준은 남녀 모두 동일하게 적용됐다. 체력시험 결과, 여성 지원자 9명은 서류 및 체력시험을 합산한 2차 전형에서 전원 탈락했다. 탈락한 여성 지원자 김모씨 등 5명은 그해 6월 인권위에 진정을 제기했다. 인권위는 경기도 ㄴ시에서 환경미화원을 채용하면서 업무 내용과 남녀의 생물학적 차이를 고려하지 않고, 동일한 체력시험 평가기준을 적용해 여성에 불리한 결과를 초래한 것은 합리적인 이유 없는 차별이라며 환경미화원 채용시험 제도를 개선하도록 권고했다.

ㄴ시는 남녀가 동일한 조건에서 체력시험을 실시하는 것이 공개경쟁의 원칙에 충실하고, 체력시험 조건을 다르게 할 경우 응시자의 대다수를 차지하는 남성들에게 역차별이 될 수 있다는 입장을 밝혔다. 또한, 2014년 동일한 체력시험에서 1명의 여성이 최종 합격했고, 2015년 체력시험에서

도 여성 응시자 2명의 체력시험 점수가 전체 남녀 응시자의 평균 점수보다 높은 사례가 있다고 주장했다.

그러나 인권위는 ㄴ시의 체력시험 종목과 평가 기준이 남녀 동일하게 적용돼 외관상 중립적으로 보일 수 있으나, 남녀의 생물학적 체력 수준 차이를 감안한 측정 방법인지 입증되지 않았다고 밝혔다. 또 ㄴ시가 채용하는 환경미화원은 배정된 구역의 가로변을 청소하는 것이 주된 업무로 과거와 같이 무거운 쓰레기봉투 등을 운반하는 데 필요한 체력적 요건이 직업 수행의 절대적 능력으로 수반된다고 보기는 어렵다고 봤다. 인권위는 2015년 남성 응시자의 체력시험 평균점수(32점)를 다소 상회하는 2명의 여성을 제외한 여성 응시자의 평균점수(25점)가 전체 평균(31.8점)에 훨씬 미치지 못하고, 최근 3년간 체력시험 평균점수는 여성이 남성에 비해 현저히 낮아 남녀에게 동일한 평가 기준을 적용하는 합리적 이유를 찾기 어렵다고 판단했다.

인권위에서는 국가인권위원회법에 명시되어 있는 19개의 차별사유를 바탕으로 차별을 판단하고 있는데, 고용주가 채용 차별이 아님을 명백히 입증할 수 없다면 차별로 판단하고 있다. 그러나 고용주가 제기된 채용차별 이슈와 관련하여 진정직업자격이나 적극적 우대 조치에 해당하는지, 결과적으로 체계적 이유로 특정 집단에 불리한 결과가 초래된 사실이 없는지 등을 입증하기가 매우 어렵다. 그 결과, 차별 사유에 해당하는 집단 전체를 배제하는 기준을 둔 경우는 대체로 차별로 판단하고 있다.

지원자가 연령, 학력 등 특별한 요인으로 인하여 합리적 이유 없는 직접적인 차별을 당하여 채용에서 탈락하였음을 밝힐 수 있을까? 기업이나 기관 측에서 채용의 중요한 요인이라고 주장하면서 기존의 채용 관행이나 고정관념 등이 직무상 반드시 필요한 요건을 요구하고 있는지, 아니면 잘못된 편견으로 인한 차이인지를 명확히 판단할 수 있을까? 외관상 중립적, 객관적으로 보이는 기준으로 인해 결과적으로 특정 소수자 집단이 채용에서 배제되었음을 밝힐 수 있을까? 이와 같은 의문을 제기한다면 그렇다라고 답변하기는 어려운 것이 현실이다. 그러나 채용차별과 관련된 법률이 지속적으로 강화되고 있고, 인권위 결정례를 통해 채용차별 금지 사례가 공개되고 사회적 이슈로 부각되고 있는 상황에서, 행정 소송으로 이어지지 않는다고 하여도 기업이나 기관의 채용 브랜드는 타격을 입을 수밖에 없다.

지금까지 채용에서의 차별에 대한 의미와 관련 법률 및 차별 실태 등에 대해 살펴보았다. 앞서 언급했듯이, 점차 채용 차별 금지에 대한 사회적 요구가 높아지고 있고 법적 규제가 강화되고 있으며, 이에 따라 기업이나 기관의 채용제도 변화가 요구되고 있다. 채용 차별은 지원자들의 채용 기회와 권리를 박탈하는 것으로, 헌법이 보장한 개인의 기본권을 침해하는 것임을 인식해야 한다. 이로 인한 피해가 지금까지는 오로지 지원자들의 몫이었으나, 차별금지에 대한 법적 요건이 강화되고 있는 현실을 감안할 때 향후에는 그 피해가 기업에도 큰 영향을 미치게 될 것이다. 더욱이, 채용에서의 차별로 인한 우수인재 선발의 기회상실과 기업 이미지 악화는 인적자원의 질적 하락과 기업의 경쟁력 감소로 이어질 것이다. 이 장에서 제시한 채용 차별의 의미와 형태, 채용 차별 금지 법률에 대한 이해는 채용차별로 인한 기업의 손실을 예방하고 기업의 경쟁력을 강화하는 출발점이 될 것이다.

3장. 블라인드 채용의 설계

블라인드 채용 프로세스를 설계하는 것은 사실상 일반적인 채용 프로세스 뿐만 아니라 직무능력중심 채용 프로세스를 설계하는 것과 큰 차이는 없다. 다만 채용 과정 전반에 걸쳐 지원자들을 차별하는 요소들이 포함되지 않도록 하는데 더 많은 주의를 기울일 필요가 있다. 따라서 본 장에서는 채용 계획 수립의 전반적인 내용들을 먼저 설명하고 블라인드 채용 설계 시 보다 관심을 두어야 하는 직무능력 정의, 전형설계 및 차별적인 요소 정의 등에 대하여 살펴보도록 한다.

채용 인력 계획 수립

채용 인력 계획을 수립할 때에는 해당 조직의 특성이나 상황에 따라 다소 상이한 과정을 통하여 업무가 진행될 수 있으나 일반적으로는 4단계를 거치게 된다. 우선 첫 번째 단계는 신규 충원 인원을 파악하고 채용 수요를 조사하는 것이다. 이 단계에서는 전사적인 관점에서 필요한 인력들을 예측하는 하향식 접근(Top-down Approach)과 개별 부서 또는 팀에서 요구하는 인력들을 파악하는 상향식 접근(Bottom-up Approach)이 동시에 작동하게 된다. 하향식 접근의 경우 향후 새로운 사업을 추진하기 위한 전략적 방향에 따라 새로운 인력들이 요구되는 등 보다 거시적인 차원에서 이를 뒷받침하기 위한 신규 인력 충원을 주로 의미한다. 반면 개별 부서나 팀에서는 개별적인 사업 계획을 수립하고 이를 추진하는 과정에서 필요로 하는 인력들과 향후 단위 조직 내에서의 인력 변화를 고려하여 채용 수요를 예상하게 된다. 또한 개별 부서나 팀에서는 업무를 추진하는 과정에서 예상하지 못하던 인력의 변화가 발생하는 경우 이와 관련된 채용 요청을 하게 된다. 예를 들어 자발적 퇴직 등으로 인하여 결원이 발생하는 상황에서는 수시로 채용 요청을 할 수 있다.

채용 인력 계획을 위한 두 번째 단계는 채용 인원을 산정하는 것이다. 대부분의 조직에서는 총액 인건비 등의 제약이 있기 때문에 사업 계획, 현업 부서의 요청 등에 따른 인력들을 모두 채용하는 것은 현실적으로 불가능하다. 따라서 채용 요청의 적절성, 필요성 등을 검토하기 위한 작업을 하게 된다. 이러한 검토 작업에는 인사 담당자 뿐만 아니라 해당 부서장, 요청 부서와 관련된 타 부서의 관계자 등 다양한 이해 관계자들이 참여할 수 있다. 또한 정기적으로 대규모의 인력을 채용하는 경우 채용 인원 산정 시에는 여러 사업 부서들의 최고 책임자들이 함께 정보를 공유하고 합의를 도출하기도 한다.

채용 인원이 산정되면 세부적인 채용 계획을 수립하게 된다. 즉 채용 인력 산정 결과에 따라 확정된 직무 및 규모가 도출되는데 이를 실천하기 위한 구체적인 전형 절차, 시기, 비용 등을 고려한 계획들을 수립하게 된다. 이러한 세부 계획들을 마련하기 위해서는 평가의 기준이 우선 도출되어야 하며 이를 실제로 평가하기 위한 전형 전반에 대한 설계, 각 전형별 활용 도구 등이 함께 고려되어야 한다. 이와 관련해서는 이후에 보다 상세하게 논의하도록 한다.

마지막으로 해당 조직 또는 기관에서 주관하는 인사위원회에서 세부적인 내용들을 포함한 채용 계획을 검토하게 되고 필요 시 합의를 통하여 해당 계획을 승인하게 된다. 인사위원회는 조직에 따라 소집되는 구성원들이 다소 차이가 있을 수 있으나 대체로 위원회의 의장은 최고 경영자가 담당하는 것이 일반적이다.

지금까지 논의한 네 단계는 채용 인력 계획을 수립하는데 가장 일반적인 단계들이며 조직의 특성에 따라 외부 관련 조직과의 협의가 추가적으로 포함될 수도 있다. 예를 들어, 공공기관의 경우 인력 계획을 수립하는 과정에서 내부의 상황이 가장 우선시 되지만 관련된 정부 부처와의 협의 내용이 영향을 미칠 수도 있다. 따라서 블라인드 채용 계획을 수립하는 경우 앞서 논의한 네 단계를 기본으로 하되 다양한 이해 관계자들과의 상호작용이 필요한 상황에서는 유연하게 적용하면 된다.

그런데 대부분의 조직들에서는 블라인드 채용을 최근에야 도입했거나 도입을 고려하고 있는 상황이다. 이로 인하여 직무와 무관하지 않은 기준 등에 따라 특정한 인력의 비율이 높은 경우가 있을 수도 있다. 예를 들어 성별이 직무 수행에 별다른 영향이 없음에도 불구하고 조직 내부 인력 중 남성의 비율이 여성에 비하여 현격히 높거나 많은 차이가 있을 수 있다. 이러한 경우에는 채용 인력 계획을 수립하는 과정에서 상대적으로 차별을 받은 입장을 고려하여 호혜적 조치(Affirmative Action)와 같은 방안들을 고려할 필요가 있다. 예를 들어, 새로운 인력을 채용할 때 기존에 비하여 많은 여성들을 확보하기 위하여 이들을 위한 별도의 채용 절차를 고려하거나 최소 선발 비율을 사전에 설정하는 등의 조치를 취할 수 있다. 이러한 절차는 한편으로는 역차별이라는 인식을 발생시킬 수도 있으나 기존의 문제점을 보완하고 새롭게 차별 없는 조직 문화를 형성한다는 점에서 장기적으로는 순기능적으로 작용할 가능성이 크다.

채용 평가요소로서의 직무능력 규명

앞서 논의한 채용 인력 계획을 수립하기 전에 직무 능력이 명확하고 구체적으로 정의되어야 올바른 블라인드 채용 설계를 수행할 수 있다. 왜냐하면 블라인드 채용 설계를 하는데 있어서 차별적인 요소 뿐만 아니라 직무 수행과 관련되는 요소들을 반드시 고려해야 하기 때문이다. 또한 업무를 수행하는데 필요한 요건들을 올바르게 도출해야만 지원자들의 직무 능력을 보다 정확히 평가할 수 있는 전형 설계가 가능하다. 따라서 채용을 고려하는 직무와 관련하여 어떠한 요소 또는 능력들을 평가할 것인지 결정하는 것은 매우 중요한 작업이라 할 수 있다.

직무 능력을 정의하기 위해서는 채용 대상이 되는 직무를 파악하는 것이 필요한데 이에 활용되는 방법이 직무 분석(Job Analysis)이다. 직무 분석은 용어 그대로 직무를 분석함으로써 해당 직무에서 요구되는 다양한 요건들을 파악하기 위한 방법이다. 여기서 요건이라고 하는 것은 일반적으로 지식(Knowledge), 기술(Skill), 능력(Ability) 및 기타 인적 요건(Others 또는 Other Human Things) 등을 포함하게 된다. 결론적으로 직무 분석을 수행함으로써 우리가 선발하려는 직무와 관련된 다양한 직무 능력들을 파악할 수 있고 그러한 능력들을 평가하기 위한 절차나 전형을 설계할 수 있게 되는 것이다.

채용 대상이 되는 직무 능력을 파악하고 정의하기 위한 직무 분석은 크게 두 가지 접근에 따라 구분할 수 있다. 그 중 첫 번째 접근은 특정한 조직에 완전히 맞춤화하여 직무를 분석하는 것이다. 어느 조직이든지 별도의 명칭, 구조, 업무 분장, 일하는 방식, 문화 등 다양한 측면들이 차별적으로 존재하게 된다. 따라서 해당 조직의 특정 직무에 필요한 요건들을 파악하기 위해서는 그 조직에 최대한 맞춤화된 방식으로 접근하는 것이 가장 효과적이라 할 수 있다. 비유하자면 특정한 개인에게 가장 잘 맞을 수 있도록 일일이 치수를 재는 맞춤복을 만드는 것이다. 이러한 방식의 직무 분석은 대상 조직에 최적화된 결과물을 전달해 줄 수 있다. 즉, 채용을 위한 요건을 정의할 때도 해당 조직에 최적화되고 특유의 조직 상황이나 맥락을 반영한 결과물을 도출할 수 있게 된다. 반면 이러한 방식의 직무 분석은 맞춤복을 주문할 때와 유사한 단점을 지니고 있다. 맞춤복은 기성복에 비하여 상대적으로 비용이 더 많이 소요된다. 또한 아무리 시간을 단축시키더라도 기성복을 구매하는 것보다는 더 많은 시간을 기다려야만 한다. 이러한 문제들로 인하여 상대적으로 재정적인 여력이 충분하지 않거나 규모가 그리 크지 않은 조직에서는 오히려 이러한 방식의 직무 분석이 효과적이지 않을 수 있다.

직무 능력을 정의하기 위한 두 번째 직무 분석 접근은 기존의 직무 분석 체계를 활용하되 필요한 경우 일부를 맞춤화하는 것이다. 비유를 하면 기성복을 구매하는 것과 유사하다고 볼 수 있다. 기성복을 사는 경우 이미 출시된 제품 중 나와 적절한 것을 선택한 후 신체적 특징을 반영하여 일부 손을 보게 된다. 이와 유사하게 기존에 이미 제시된 직무 정보들을 활용하고 일부 내용들 중 조직의 상황에 잘 부합하지 않거나 추가할 것들이 필요한 경우 전문가들이 보완을 하는 직무 분석 접근도 활용 가능하다. 이러한 접근의 장점은 앞서 언급한 맞춤화된 직무 분석에 비하여 비용 및 시간의 투입이 상대적으로 덜 들어간다는 것이다. 반면 기존 직무 관련 정보들을 해당 조직에 맞춤화하는 과정에서 적절히 활용할 수 있는 정보가 그리 많지 않은 경우에는 맞춤화하는 것과 큰 차이가 없을 수도 있으며 조직의 상황이나 특성을 반영하기에는 부족할 수도 있다는 단점도 가지고 있다.

표 3-1. 직무분석 접근의 특징 및 장단점

	완전 맞춤화 방식	기존 정보 활용 방식
특징	조직의 상황이나 특성에 완전히 맞춤화하여 최대한 해당 조직에 고유한 사항들까지 파악하는 방식	기존에 범용으로 활용되는 직무분석 정보들을 해당 조직 상황을 고려하여 맞춤화하는 방식
장점	조직에 최적화된 직무분석 정보를 수집할 수 있음	시간과 비용이 상대적으로 덜 소요됨
단점	상대적으로 시간과 비용이 더 많이 들어가기 때문에 소규모 조직에 특히 적합하지 않음	기존 정보 활용으로 인하여 완벽하게 맞춤화가 어려우며 기존 정보 부재 시 활용이 제한될 수 있음

중요한 것은 블라인드 채용 설계를 위해서 직무 요건을 명확하게 도출하는 것이 필요하며 이를 위하여 어떠한 방식이 되든지 직무분석을 실시하는 것이 필요하다. 최근 블라인드 채용을 선도하고 있는 많은 공공기관들에서는 해당 조직에 맞춤화된 방식보다는 기존의 직무 정보를 활용하고 있다. NCS*는 가장 자주 활용되고 있는 직무 분석 체계라 할 수 있다.

결론적으로 직무 능력을 정의하는 것은 블라인드 채용 설계를 위하여 필수적이며, 그러한 작업을 수행하기 위하여 채용 대상 직무를 분석하는 작업이 반드시 수행되어야 한다. 어떠한 직무 분석 방법이 더 우수하다고 결론지을 수는 없으나 조직의 자원, 여건 등을 고려하여 적절한 방식의 직무 분석을 실시하고 그 내용에 기초하여 채용 대상 직무에 대한 요건들을 정의하는 것이 필요하다. 또한 잘 정의된 직무 요건들을 채용 전형 설계 시 적극적으로 활용하여 평가 기준을 설정해야 한다. 마지막으로 직무

---

* NCS(National Competency Standards : 국가직무능력표준) NCS는 직업교육훈련 자격과 산업현장이 요구하는 인재상과의 괴리를 해소하여 국가 인적자원개발의 효율을 높이고자 산업현장에서 직무를 수행하기 위해 요구되는 지식·기술·태도 등의 내용을 국가가 산업별·수준별로 체계화한 것이다. NCS를 활용한 채용에 대해서는 「직무능력중심채용과 NCS (ORP Press, 2016)」를 참고로 하기 바란다.

수행과 관련없는 사항들이 채용 시 고려된다면 차별적인 요소로 작용할 수 있다는 점을 고려할 필요가 있다.

그런데 직무 분석을 통하여 도출된 직무 능력들이 현실적으로 채용 전형 과정에서 모두 평가되기는 어렵다. 왜냐하면 블라인드 채용 시 주로 활용되는 NCS를 포함하여 다양한 직무 분석 기법들을 통하여 도출된 요건들은 매우 방대할 수 있는 반면 채용 단계는 제한되어 있기 때문이다. 또한 도출된 요건들 중 일부는 입사 전에 습득하기 어려울 수도 있으며 경우에 따라 직무 수행에 실제 큰 영향을 주지 않을 수도 있다. 따라서 블라인드 채용을 위하여 직무 능력들을 다양하게 도출하는 것도 중요하지만 그러한 능력들 중 채용 전형에서 초점을 둘 것이 무엇인지 선별하기 위한 작업들도 중요하다. 이를 위하여 조직 내부의 내용전문가(Subject Matter Expert; SME, 이하 SME) 또는 현업에서 근무하는 직원들과의 인터뷰 또는 설문 조사를 통하여 의견을 수집하게 된다. 설문 조사를 활용하는 경우에는 직무 분석을 통하여 도출된 요건들에 대한 중요도, 사전 준비도, 난이도 등을 평가하게 하고 그 결과에 기초하여 초점을 두어야 할 것들을 결정한다.

그런데 직무 요건들 중 채용 시 초점을 두어야 하는 설문을 실시하면 현업에 종사하는 직원들은 자신의 직무를 높게 평가하는 경향이 있다. 따라서 설문으로 나타난 결과를 있는 그대로 해석하게 되면 오히려 현실을 올바르게 반영하지 못할 수도 있다. 이러한 잠재적인 문제점을 방지하기 위해서는 설문을 실시한 이후 SME들과 별도의 회의를 통하여 결과를 공유하고 점검하는 것이 필요하다.

또한 설문 등으로 얻어진 결과가 조직 내부에 만연한 차별적인 요소들을 반영하고 있는지의 여부도 점검할 필요가 있다. 예를 들어 대체로 SME 또는 내부 전문가 집단에 속한 사람들은 남성일 가능성이 크다. 그리고 이들은 성별에 따른 인식 차이로 인하여 남성적인 측면의 업무들을 더 중요하게 고려할 수도 있다. 이로 인하여 특정 성별에 더 유리한 방향으로 직무 분석 결과가 도출될 가능성도 있다. 따라서 가능하다면 명확하게 드러나지 않지만 차별적으로 적용될 수 있는 요소들이 있는지 상세하게 살펴볼 필요가 있다.

한편 조직에서 새로운 인력을 채용할 때 지원자들의 인성이나 태도에 대하여 관심을 둘 수 있다. 어느 조직이든지 사람들과의 상호작용을 통하여 업무가 수행되기 때문에 능력적인 측면 못지 않게 인성적인 측면도 중요하기 때문이다. 그러나 블라인드 채용을 위한 직무 분석을 실시하고 그 결과에만 근거하여 채용 시 평가 요소들을 결정하게 되면 인성적인 요소들을 간과할 수도 있다. 왜냐하면 NCS를 포함한 다양한 직무 분석 정보들은 말 그대로 직무를 수행하는데 필요한 능력적인 측면들에 초점을 두기 때문이다. 예를 들어 NCS에 기반하여 직무수행에 요구되는 직업기초능력들을 도출할 때 많은 경우는 능력과 관련되는 차원들의 비중이 압도적으로 높은 결과를 볼 수 있다. 따라서 블라인드 채용을 위한 직무 능력을 정의할 때 단순히 직무 분석 결과에만 의존하기 보다는 조직의 핵심가치, 인재상 또는 NCS의 직업기초능력 중 인성적인 차원과 관련되는 요소들도 포함하는 것들을 고려할 필요가 있다.

직무를 성공적으로 수행하기 위하여 요구되는 직무 능력을 정의하는 것은 블라인드 채용 설계의 중요한 업무 중 하나이다. 다시 강조하지만 블라인드 채용이 올바르게 실시되기 위해서는 업무 수행과 관련된 것들을 중심으로 채용 전형이 설계되어야 한다. 이를 위하여 조직에 완벽하게 맞춤화된 직무 분석을 실시하거나 NCS와 같은 직무 분석 정보들을 조직에 맞게 수정하여 적용하는 것은 필수적이다. 어떠한 방식을 선택하든지 상당히 많은 직무 능력 정보들이 도출될 가능성이 있는데 그러한 모든 것들을 채용 전형에서 평가한다는 것은 현실적으로 불가능할 수 있다. 따라서 다양한 직무 정보들 중 채용 전형에서 초점을 두어야 할 것들을 추려내기 위한 검토 작업이 필요하며, 이를 위하여 SME 및 내부 구성원들로부터 의견을 수렴하기 위한 설문 또는 인터뷰를 실시해야 한다. 또한 직무 분석을 통하여 도출되지는 않았으나 조직 생활을 하는데 있어서 필요한 것들이 있는지 검토해야 한다. 예를 들면 조직 구성원들이 공유하는 핵심 가치나 NCS의 직업기초능력 중 인성적 차원과 관련되는 요인들을 채용 시 평가 요소로 포함시킬 수 있다.

차별 요소의 배제

블라인드 채용을 계획하는 과정에서 특히 주의를 두어야 하는 사항들 중 하나는 차별적인 요소들과 관련되어 있다. 사실 블라인드 채용이 중요한 이슈로써 대두된 것은 채용 과정에서 직무 성과와는 관련되지 않은 사항들에 기초하여 차별이 발생하고 이로 인하여 채용 결과에 실질적인 영향을 주었기 때문이다. 따라서 채용을 설계하는 과정에서 차별적인 요소들이 무엇인지 파악하고 그러한 사항들이 포함되지 않도록 주의를 해야한다.

블라인드 채용을 계획하고 추진할 때 종종 나타나는 오해는 아무런 정보가 없이 어떻게 지원자들을 평가할 수 있는지에 대한 이슈이다. 그러나 블라인드 채용은 지원자들의 정보를 배제한 채 평가를 하자는 것이 아니라 필요한 정보들은 충분히 고려하고 직무 수행과 관련되지 않은 정보들은 평가에서 제외하자는 것이다. 즉, 실제 업무를 잘 하는데 필요한 사항들을 중심으로 채용 전형을 구성하고 이에 기초한 채용을 실시하자는 의미로써 받아들이는 것이 더 타당할 것이다.

다양한 채용 전형 과정에서 차별적인 요소들로 인하여 지원자 평가 시

문제가 발생할 가능성이 큰 단계는 서류 전형과 면접 전형일 것이다. 필기 전형의 경우 대체로 평가자들의 주관적인 판단이 배제되며 개인 식별 정보 외에는 입력되는 내용들이 별로 없기 때문에 차별이 발생할 가능성이 그리 크지 않다. 반면 서류 전형과 면접 전형의 경우, 다양한 정보들을 특정한 기준에 따라 판단하는 과정이 포함되기 때문에 차별이 발생할 가능성이 있다. 예를 들어 서류 전형의 경우 직무 수행과는 크게 관련되지 않는 거주 지역, 학력, 지원자의 가족 사항 등이 기입되면 긍정적이거나 부정적인 선입견이 발생하여 지원자를 평가하는데 영향을 미칠 수 있다. 또한 면접 전형의 경우 아무리 지원자 평가를 위한 지침을 명확하게 면접관들에게 제시했더라도 그러한 지침과는 무관한 개인적인 질문을 하게 되면 이 역시 문제를 야기시킬 수 있다. 따라서 차별 요소와 관련하여 두 가지 채용 전형에서는 특히 많은 주의를 두어야 한다.

차별 요소를 정의하는데 중요한 판단 기준은 직무 수행에 필요한 요건으로 간주될 수 있는지의 여부이다. 만일 특정한 자격증이 해당 직무를 수행하는데 반드시 필요한 것으로 판단된다면 해당 자격증의 보유 여부를 확인하는 것은 차별이라 할 수 없다. 또한 외국어 능력이 직무 수행과 밀접하게 관련되어 있는 경우에는 배제하는 것이 아니라 반드시 확인해야 하는 요건으로 간주해야 한다. 그리고 만일 그 외국어가 직무 수행에 결정적인 요소라고 한다면 서류 전형과 면접 전형 등 다양한 채용 과정에서 반복적으로 평가될 필요도 있을 것이다.

한편 이전에 암묵적으로 채용 시에 평가를 해 왔으나 직접적으로 직무 수행과 관련되지 않은 사항이라면 차별 요소에 해당될 가능성이 있다. 예를 들어 지원자들의 출신 학교, 성장 배경, 사회경제적 지위 등 기존의 채용 전형, 특히 서류 전형에서 수집 및 평가되었던 사항들은 직무 수행과 관련되지 않는다면 차별 요소로 정의될 수 있다. 또한 면접 전형 시 지원자들에게 직무 수행과는 무관한 개인적인 가치관, 정치적 신념 등을 질문하게 된다면 이 역시 차별 요소라 할 수 있을 것이다.

따라서 차별 요소가 무엇인지를 파악하기 보다는 직무와 관련되는 것들을 명확하게 정의하고 그러한 정보들을 중심으로 채용 과정을 설계하는 것이 바람직하다. 이를 위하여 앞서 언급한 바와 같이 직무 분석에 기초한 직무 능력을 구체적으로 정의해야만 한다. 또한 서류전형을 위하여 지원자들의 정보를 수집할 때 기존의 입사 지원서 또는 자기 소개서에서 직무와 관련되지 않은 사항들은 배제시키고 직무 수행과 관련되는 내용들을 평가할 수 있도록 설계해야 한다. 면접에서 평가하는 항목들 또한 직무 능력과 무관한 것들은 제외해야 한다. 특히 면접의 경우 아무리 평가 항목을 구체적으로 정의하여 제시하더라도 평가자들이 그러한 항목과는 무관한 질문을 할 가능성에 대비할 필요가 있다. 따라서 블라인드 채용을 계획한다면 보다 철저한 면접관 교육이 실시되어야 한다. 또한 면접 평가 시 내부 면접관들이 의도하지 않게 블라인드 채용의 취지와 다른 행동을 하는 것을 방지하면서 면접 전반의 공정성을 확보하기 위하여 외부의 면접관들이 함께 참여하는 방법들도 고려해야 한다.

채용 전형 설계 전략

블라인드 채용 계획 수립 시 대상 직무와 관련된 능력들이 도출되면 이를 어떠한 단계와 방법으로 평가할 것인지 고려하게 된다. 그러한 일련의 과정들을 전형 설계라고 하며 블라인드 채용과 일반적인 채용 모두 이러한 과정을 포함하고 있다. 대체로 많은 채용 전형은 서류 전형, 필기 전형, 면접 전형 등 크게 세 개의 전형으로 구성되며 각 전형에서 활용하는 구체적인 평가 방법들에 따라 다양한 형태로 채용 전형이 설계될 수 있다.

블라인드 채용에 따라 전형을 설계할 때 고려해야 하는 중요한 원칙은 크게 두 가지이다. 첫 번째는 타당성과 관련된다. 타당성은 채용 과정에서 지원자들을 평가하는 것들이 실제 직무 수행을 얼마나 잘 예측하는지를 의미한다. 따라서 잘 정의된 직무 능력 요소들이 채용 전형 설계 과정에서 충실하게 평가되는 것은 타당도를 높이는데 기여할 수 있다. 그런데 많은 채용 담당자들이 블라인드 채용 제도를 도입하는 과정에서 목적보다는 수단에 더 많은 초점을 두는 경우가 종종 있다. 즉 평가해야 할 직무 능력 요소들을 제대로 평가할 수 있도록 전형을 어떻게 설계할 것인지 고민하기 보다는 직무 능력 요소를 고려하지 않은 채 새로운 평가 방법을 도입하여 전형을 설계하는 것에 더 관심을 둔다는 의미이다. 후자의 접근은 채용 제도의 개선이라는 측면에서는 높게 평가할 수 있을지 모르나 본질적인 블라인드 채용의 의미를 반영하지 않은 문제를 발생시킬 수 있다.

따라서 타당도를 보다 향상시킬 수 있는 블라인드 채용 전형을 설계하기 위해서는 지원자들을 평가하는 현재의 채용 전형 및 각 전형 별 세부 방법들이 평가해야 하는 것들을 잘 반영할 수 있는지를 가장 먼저 판단해야 한다. 만일 적절하게 평가하는 데 큰 무리가 없는 경우라면 굳이 새로운 채용 전형 단계를 추가하거나 각 전형에서 활용하는 평가 방법들의 변화를 가져올 필요는 없다. 반면 기존의 전형 단계 및 평가 방법이 우리가 관심을 두고 있는 직무 능력과 부합되지 않는다고 판단되는 경우에는 채용 전형 단계를 추가하거나 각 전형에서 활용되는 평가 기준 및 평가 방법의 변화를 고려해야만 한다.

블라인드 채용 전형 설계와 관련하여 중요한 또 다른 원칙은 공정성에 대한 것이다. 여기서 공정성은 가능하다면 지원자들이 평가를 받을 수 있는 기회를 최대한 제공함을 의미한다. 모든 지원자들이 채용 전형 전체에서 평가를 받을 수는 없다. 따라서 각 채용 전형에서는 일정 비율을 탈락시켜야 한다. 그런데 서류 전형과 같은 채용 전형 초기 단계에서 지나치게 높은 탈락 비율을 적용하게 된다면 사실상 많은 지원자들은 평가 받을 수 있는 기회를 박탈당하게 되며 이는 블라인드 채용의 원칙과도 잘 맞지 않게 된다. 사실 대부분의 조직에서 적용하고 있는 채용 전형 단계는 서류 전형처럼 상대적으로 타당도가 낮은 것들이 앞쪽에 배치되는 경향이 있다. 만일 그렇다면 초기 단계에서의 높은 탈락율은 공정성을 위배하기도 하지만 타당도에도 심각한 부정적 영향을 미칠 수 있다. 따라서 가능하면 서류 전형 단계에서는 필수적인 요건들을 중심으로 탈락률을 최소화하는 것이 블라인드 채용의 원칙에 부합하게 된다.

그러나 블라인드 채용에서 강조하는 공정성과 타당성 원칙을 준수하기 위해서는 많은 저항 요소들을 극복해야만 한다. 그 중 가장 큰 저항 요인은 비용과 관련되어 있다. 만일 기존의 차용하지 않았던 채용 단계가 추가되거나 각 채용 단계 별로 활용되던 방법들의 변화가 필요한 경우에는 별도의 비용이 소요된다. 예를 들면 블라인드 채용 필기 전형 시, 많은 공공기관에서 직업기초능력검사를 시행하고 있는데 기존에 이러한 검사를 시행하지 않았던 조직이라면 비용적인 측면에서 부담을 가질 수도 있다.

또 다른 주요한 저항 요인으로는 운영적인 측면에서 내부의 협조와 관련되어 있다. 예를 들면 서류 전형 시 기존에 한 개인이 스펙을 중심으로 간단하게 처리했던 것을 보다 꼼꼼하게 검토하게 된다면 이전보다 많은 내부 구성원들이 서류 전형 평가를 위하여 투입되어야 한다. 또한 면접의 공정성을 향상시키기 위하여 면접 시간을 늘리게 되면 면접관으로 참여하는 내부 구성원들의 반발이 있을 수도 있다. 이러한 경우와 같이 채용 업무를 담당하지 않는 내부 구성원들은 블라인드 채용 도입으로 인하여 변화되는 것들에 부정적으로 반응할 수도 있다.

위에서 살펴본 문제들을 극복하고 블라인드 채용의 취지에 적합한 전형들을 설계하기 위해서는 최고 경영진들의 적극적인 지원이 필수적이다. 새로운 전형 단계가 추가되거나 각 전형 별로 사용되는 평가 방법들의 변화가 필요한 경우라면 최고 경영진에서는 별도의 자원을 배정하여 지원하는 것을 고려해야 한다. 그 과정에서 소요되는 자원은 비용의 관점보다 투자의 관점에서 이해해야 한다. 또한 최고 경영자들은 면접에 참여하는 내부 인력을 포함하여 채용 전형에 관여하는 전체 구성원들과의 적극적인 의사소통을 통하여 블라인드 채용 전형을 위한 변화에 적극적으로 협조할 수 있는 풍토를 조성해야 한다.

또한 채용 담당자들 입장에서는 블라인드 채용의 효과성과 취지를 적극적으로 전파하기 위한 활동들도 수행해야 한다. 그러한 활동들을 통하여 최고 경영진의 의지를 보다 명확하게 전달할 수 있으며, 블라인드 채용 전형의 기준들과 원칙들이 준수될 수 있는 토대를 마련할 수 있다. 그리고 블라인드 채용이 궁극적으로 조직 전반에 미치는 긍정적인 효과를 전달함으로써 내부의 구성원들이 향후의 변화를 받아들일 수 있도록 설득하는 것도 필요하다.

타당성과 공정성이라는 블라인드 채용의 원칙들을 고려하여 채용 전형을 구체적인 수준으로 설계하기 위해서는 각 전형 별 목적을 명확하게 하

는 것이 중요하다. 즉 서류 전형, 필기 전형 및 면접 전형 등 조직에서
활용하는 전형들에서 지원자들의 무엇을 평가하고자 하는지 구체적으로
설계해야 한다. 각 전형의 성격에 따라서 지원자들을 평가할 때 보다 적
절한 것이 있을 수 있으며 아예 평가가 불가능한 경우도 있다. 예를 들
면, 지원자들의 인성적인 측면과 관련된 역량들을 평가하고자 한다면 서
류 전형보다는 인성 검사나 심층 면접이 더 적절한 방법일 것이다. 또한
특정한 업무를 수행하기 위하여 구체적인 자격 요건이 요구되는 경우에는
서류 전형에서 사전에 점검하는 것이 더 효과적일 수 있다. 따라서 채용
전형을 구체화하기 위해서는 어떠한 전형에서 무엇을 평가할 것인지 사전
에 결정하고 이에 따라 평가의 기준을 도출하는 것이 필요하다. 이러한
과정을 평가 요소와 평가 단계를 매핑한다고 표현할 수 있다.

블라인드 채용 전형 설계 시 평가해야 하는 직무 능력들을 어떠한 단
계에서 평가할 것인지 배치하는 과정에서 흔히 나타나는 현상은 특정 단
계 또는 전형에 많은 직무 능력들이 집중된다는 것이다. 예를 들어, 창의
성, 기획력, 전문성 등 지원자들과의 상호작용을 통하여 평가를 하는 것
이 적절한 요소들은 대체로 면접 시 평가하는 것이 적절하다고 볼 수 있
다. 그런데 그 과정에서 지나치게 많은 요소들이 면접에 집중될 수 있다.
그러나 현실적으로 지원자 개인들에게 할당되는 면접 시간은 무한하게 제
공되지 않는다. 이러한 현실적인 어려움을 해결하기 위해서는 지원자 개
인별로 할당되는 면접 시간을 늘려주는 것이 필요하다. 하지만 그러한 방
법은 운영자 뿐만 아니라 면접에 참여하는 모든 사람들에게 부담을 가중
시킬 수 있다. 따라서 일반적인 질의응답 방식의 면접 외에 과제를 제시
하고 이를 해결하는 과정이나 결과물을 검토하는 방식의 면접 등 새로운
방법들을 도입하는 것이 더 적절할 수 있다. 물론 새로운 평가 방법들을
도입한다는 것은 평가 단계가 복잡해진다는 것을 의미하기 때문에 운영의

그림 3-1. 평가 요소 x 평가 단계 Matrix

				교육훈련 영역 (학습 가능성)	선발 평가 용이성	평가 적정 단계									
						서류전형		필기전형				면접전형			실기평가
						입사 지원서	자기 소개서	직무지식 시험	직업기초 능력검사		직무수행 능력검사	경험 면접	상황면접	발표면접	
									능력검사	인성검사					
직업 기초 능력	인성적 측면	직업윤리		○	○		○			◎		○	◎		
		대인관계능력		○	◎		○			◎		●			
		자기개발능력			◎		○			◎		●			
	인지적 측면	자원관리능력		○	◎		○		◎			◎		○	
		수리능력			●									◎	●
		기술능력		◎					◎				◎	●	
		정보능력							●					◎	
		문제해결능력		◎	●				●					●	
		조직이해능력		●					◎			●			
		의사소통능력		○	●		○		◎			◎	◎	●	
직무 수행 능력	직무 수행 준거	직무지식(K0		◎	●	● (교육/경력사항)		●			◎				◎
		직무수행스킬(S)		◎	●	● (자격/경력사항)					◎				●
		직무 수행 태토(A)	인지적측면	○	●						●	○	●	●	○
			인성적측면	○	●						●	●	◎	○	○

● : High, ◎: Medium, ○: Low

효율성을 감소시킬 수 있다. 하지만 직무 수행에 요구되는 것들을 평가하자는 블라인드 채용의 취지를 고려한다면 운영의 효율성을 다소 손해보더라도 평가의 정확성을 높이는 방법들을 고려하는 것이 더 합리적이라 할 수 있다. 이러한 점을 고려할 때 평가 단계, 특히 면접의 경우 세부적인 단계들도 구분될 수 있다. 크게 보면 실무자 중심의 1차 면접과 임원 중심의 2차 면접으로 구분될 수 있다. 또한 실무자 면접의 경우 활용되는 기법에 따라 질의응답방식의 구술 면접, 과제를 활용하는 시뮬레이션 면접 등 다양한 형태로 분화될 수 있다.

그런데 만일 조직의 여건 상 새로운 면접 기법들을 도입하기 어렵거나 면접 시간을 대폭 늘리기 어려운 경우도 있을 것이다. 이러한 경우 면접 시 평가가 적절하다고 판단된 요인들을 제약이 있는 상태에서 억지로 모두 평가하게 하는 것은 바람직하지 않다. 예를 들어 면접으로 평가가 적절한 10개의 요인들이 있으며 이를 1인당 30분 간의 면접을 통하여 평가하게 한다면 사실상 평가가 불가능하다. 따라서 그러한 상황에서는 30분이라는 시간적 제약 요건을 고려하여 10개의 평가 요인들 중 일부 요인들에 초점을 두고 그 이외의 요인들을 차라리 평가에 반영하지 않는 것이 블라인드 채용의 목적에 더 부합될 수 있다. 왜냐하면 블라인드 채용은 평가 요소를 올바르게 도출하는 것 뿐만 아니라 이를 적절하게 평가하는 것들까지 포함하고 있기 때문이다.

기본적으로 블라인드 채용을 포함한 대부분의 채용 설계에서 담당자들이 겪는 가장 큰 어려움은 채용 전형 운영의 효율성과 평가의 정확성이 반비례한다는 점이다. 예를 들어 면접 운영의 효율성을 높이기 위하여 다수의 지원자들을 동시에 평가하도록 설계하게 되면 각 지원자 별 평가의 정확성은 떨어질 수 밖에 없다. 반면 평가의 정확성을 향상시키기 위하여 한 명의 지원자를 긴 시간 동안 면접하게 되는 경우에는 운영의 효율성이 감소하게 된다. 이러한 점을 고려하였을 때 상시 또는 수시 채용을 통하여 소수의 인원만을 관리하는 경우라면 평가의 정확성을 높이는 접근을 쉽게 취할 수 있다. 그러나 대규모 공채의 경우 운영의 효과성이라는 점을 간과할 수는 없을 것이다. 따라서 그러한 상황에서는 시간적·물리적 제약을 고려하여 평가 가능하고 상대적으로 더 중요한 요인들에 초점을 두되 면접 시간 증가, 새로운 면접 기법의 도입 등 향후 채용 제도를 어떻게 개선할 것인지에 대한 계획들도 고려하는 것이 필요하다.

지금까지 논의한 사항들을 정리하면 채용 전형 설계는 다음의 두 단계로 정의할 수 있다.

1단계: 채용 전형 및 평가 요소 선정

이 단계에서는 서류, 필기, 면접 등 실제 활용할 전형 별로 평가의 대상과 기준에 초점을 두게 되며 각 전형들의 특성들을 고려하여 채용 시 평가해야 할 요소들이 잘 반영될 수 있도록 해야 한다. 특히 블라인드 채용에서는 평가해야 하는 요소들이 업무의 성과를 잘 예측할 수 있는 것으로 구성되어 있는지 세심하게 점검할 필요가 있다. 이는 블라인드 채용 전형의 타당도 향상이라는 목표와 직결되기 때문에 매우 중요하다.

2단계: 채용 절차 설계

대부분의 조직들에서는 채용절차가 서류 전형, 필기 전형 및 면접 전형 등으로 구성되는데 직군의 특성 또는 평가 요소가 추가되거나 제거될 수 있기 때문에 그에 맞추어 전형의 순서를 재배치하거나 경우에 따라 평가 방법들을 추가하는 것을 고려해야 한다. 블라인드 채용 절차를 설계할 때 특히 관심을 두어야 하는 것은 각 전형들이 공정성의 원칙을 잘 반영하고 있는지 여부이다. 상대적으로 타당도가 낮은 1차 전형 시에 탈락 비율이 높다면 그만큼 지원자들에게 기회를 공정하게 제공하지 못하게 된다. 따라서 운영의 효율성을 유지하되 공정성을 향상시킬 수 있는 방식으로 채용 절차를 설계하는데 주의를 두어야 한다.

그림 3-2. 채용전형별 설계 고려 요소

4장. 블라인드 서류 전형

    차별을 배제한 직무능력중심의 채용이 이루어지기 위해서는 무엇보다 지원자가 채용 전형에 진입하는 첫 단계인 서류 전형을 공정하고 타당하게 실시하는 것이 중요하다. 과거에는 학교, 학점, 어학성적과 같은 스펙이 직무능력을 예측할 수 있을 것으로 여겼으나, 그러한 스펙이 현업에서의 직무능력을 예측해주지는 못한다는 것이 드러났다. 그러나 서류전형의 입사지원서와 자기소개서를 통해 직무능력을 검증해오고 있는 기업이나 기관에서는 여전히 입사지원서와 자기소개서에서 직무수행 잠재능력과 관련이 없는 항목을 요구하고 있다. 이는 기업이나 기관의 인사담당자들이 직무수행 잠재력과 관련있는 항목은 어떤 것이며, 그러한 항목을 어떻게 구성하고 평가할 것인지에 대한 막연한 어려움을 느끼고 있기 때문이다. 또한, 서류전형을 개선하는 것은 필기 전형이나 면접 전형을 개선하는 것보다 많은 인력·시간·비용이 소모되어, 서류 전형 개선에 대해 소극적인 태도를 취하고 있는 기업이나 기관들도 있다.

    블라인드 채용 정책이 추진되면서 지원자들은 서류 전형에서 직무능력 중심 접근 뿐만 아니라 '차별요소 배제'를 강조하면서 직무와 무관하거나 차별적인 요소를 내포하는 정보에 대해 대단히 민감해졌다. 기업이나 기관의 인사담당자는 이전보다 제한된 정보로 채용 전형 중 가장 많은 지원자가 몰리는 서류 전형에서 지원자를 어떻게 평가할 수 있는지 더욱 막막함을 느끼고 있다. 본 장에서는 블라인드 서류 전형에 대해 다뤄보고자 한다.

블라인드 서류 전형의 의미와 특징

서류 전형이란 응시자가 제출한 서류를 바탕으로 하여 후보자의 적격성을 가려내는 방법3)을 의미한다. 「채용절차의 공정화에 관한 법률」에 따르면, 지원자에게 제출을 요구하는 채용 서류는 '기초심사자료4)', '입증자료', '심층심사자료'가 있다. 기초심사자료는 기초심사에 필요한 사항을 기재한 일체의 서류로 입사지원서, 자기소개서, 경력기술서5), 경험기술서 등을 의미하며, 입증자료는 기초심사자료를 증명하기 위한 학위증명서, 경력증명서, 자격증명서와 같은 자료를 의미한다. 심층심사자료는 작품집, 연구실적물 등과 같은 지원자의 능력을 심층적으로 알아보기 위한 자료를 의미한다. 서류 전형은 이러한 채용서류를 수집하고 평가하는 일련의 활동을 의미한다.

블라인드 서류 전형은 이와 같은 기초심사자료와 심층심사자료를 직무능력과 관련 있는 항목들로 구성하고, 차별 가능성이 있는 항목은 배제하여 평가하는 것을 의미한다. 예를 들어, 입사지원서에서 직무수행과 관련된 지원자의 정보만을 요구해야 한다. 해당 직무와 관련된 교육을 받은 경험이 있는지, 해당 직무를 직·간접적으로 수행한 경력이나 경험이 있는지, 해당 직무와 관련된 자격증은 무엇이며 이를 보유하고 있는지 등에 대해 지원자의 정보를 요구해야 한다. 블라인드 서류 전형의 도입방식은 기업이나 기관의 기존 채용 방식이나 채용 정책 방향에 따라 다르다. 입사지원서와 자기소개서에서 출신지, 가족관계, 사진, 성별, 연령, 학력, 출신학교 등과 같은 불합리한 차별을 유발할 수 있는 항목을 요구하지 않

---

3) 행정학사전에서 발췌
4) 입사지원서에 기재한 경력사항(지원자가 일정한 급여를 받으면서 직무와 관련된 일을 한 경력을 작성하는 항목)에 대해 보다 상세하게 기술하는 양식
5) 입사지원서에 기재한 경험사항(지원자가 일정한 급여는 없었으나 직무와 관련된 활동을 한 경험을 작성하는 항목)에 대해 보다 상세하게 기술하는 양식

고 직무관련 사항만으로 평가하는 방향은 동일하나, 지원자에 대한 정보를 어느 정도로 요구하고 어떻게 평가하는지는 기업이나 기관마다 다르게 적용하고 있다. 보다 엄격하게 직무와 관련없는 차별적 요소를 배제하는 방식을 취하는 기관에서는 지원자의 이름이나 연락처와 같이 채용 절차를 진행하기 위한 최소한의 정보만을 수집할 뿐 별도의 서류평가를 하지 않기도 한다. 일반적으로 이를 "무(無)서류전형"이라고도 하며, 지원자에 대한 평가는 인적성검사나 면접과 같은 다음 전형으로 모두 넘겨진다. 경우에 따라서는 지원자의 최소자격요건 정도는 확인하여 요건을 충족하지 못한 지원자는 탈락시키기도 한다.

한편, 블라인드 서류 전형은 대개 모집과정에서 모집공고문과 함께 지원서를 접수하는 것에서부터 시작된다. 때로는 모집공고문을 지원서 접수 전에 올리기도 하지만, 대체로 모집공고문을 올리면서 지원서 접수를 시작한다. '모집'과정은 블라인드 채용 과정 중 가장 중요한 과정이며 전체 채용 전형에 영향을 주는데, 특히 서류 전형의 입사지원서 및 자기소개서와 함께 모집공고문이 게재되므로, 여기에서 블라인드 채용 모집 공고문에 대해 간략히 다루고자 한다. 모집공고문은 다른 채용 전형 도구처럼 정교한 설계와 개발이 필요한 것은 아니지만 직무 및 조직에 적합한 인재와 우수한 인재를 유인하는 데 중요한 도구라 할 수 있다. 기업이나 기관에서는 모집공고문을 통해 지원자에게 채용 직무 및 직무요건, 최소 자격요건 등과 같은 정보를 명확히 제시해야 한다. 즉, 각 채용 직무에서 어떤 업무를 수행하고 이를 수행하기 위해 필요한 지식, 기술, 태도 등은 무엇인지, 그리고 지원자는 어떠한 절차로 평가를 받으며 앞으로의 일정계획은 어떠한지 등 채용과 관련된 모든 사항을 가능한 한 구체적으로 제시해야 한다. 특히, 블라인드 채용에서의 모집공고문에는 차별가능성이 있는 요소를 직무 수행 요건 또는 최소 지원 자격으로 요구해서는 안된다. 이는 사전에 채용 설계 단계에서 정해야 하는 것이긴 하지만 모집공고문을 통해 공개되는 것이므로 모집공고문 작성시 〈표 4-1〉과 같은 측면에 유의해야 한다.

표 4-1. 모집공고의 차별적 요소 배제 방안

- 모집공고에 특정 성별을 제한하거나 우대한다는 표현을 쓰지 않는다.
- 모집공고에 채용 관련 정보를 성별에 따라 다르게 제공하지 않는다.
- 직무에 필수적인 조건이 아닌 경우 일정 연령 이하 또는 이상일 것을 지원 자격으로 제한하지 않는다.
- 특정 연령대, 연령층, 졸업연도를 지원 자격으로 하거나 우대하지 않는다.
- 직무에 필수적인 조건이 아닌 경우 특정 종교로 한정해서 모집하지 않는다.
- 직무에 필수적인 조건이 아닌 경우 신장, 몸무게 등의 신체조건을 이유로 응시를 제한하지 않는다.
- 모집공고에서 특정 학력 이상, 특정 학력 이하로 지원 자격을 제한하지 않는다.
- 모집공고에서 결혼관련 사항을 기준으로 지원 자격을 제한하지 않는다.
- 모집공고에서 직무상 필요하지 않은 경우 전과, 탈북자, 비정규직 등 사회적 신분을 이유로 지원 자격을 제한하지 않는다.
- 모집공고에서 출신지역을 이유로 지원 자격을 제한하지 않는다.
- 대학 서열을 기준으로 특정 대학 출신자로 지원 자격을 제한하지 않는다.
- 모집공고에서 병력(病歷)을 이유로 지원 자격을 제한하지 않는다.
- 지역균형인재 선발을 위해 해당 지역 학교 졸업자 또는 졸업예정자를 우대한다는 모집공고는 차별시정을 위한 조치로서 가능하다.
- 직무에 필수적인 조건인 경우 성별, 연령, 신앙, 사회적 신분, 학력, 병력 등을 요구한 사유를 기재하여 공고한다.

<출처 : 고용노동부, 한국산업인력공단, 대한상공회의소 『블라인드 채용가이드북』, 2017〉

블라인드 서류전형 성공 전략

블라인드 채용 전형 중 서류전형은 다른 전형에 비해 지원자가 기업과 연결되는 첫 단계임과 동시에 상당히 많은 정보를 수집하는 단계이기 때문에 입사지원서 항목이나 자기소개서 질문을 구성할 때 세심한 검토가 매우 중요하다. 직무수행과 관련 없는 정보를 수집하는 경우 지원자가 곧바로 이를 인식할 수 있고 이는 기업의 이미지와 직결되기 때문이다. 불필요한 입사지원서 항목 하나가 그 기업의 이미지를 결정하는 요소가 될 수 있다. 특히, 서류전형은 정형화된 하나의 방식이 아니기 때문에 절차의 공정성과 결과의 타당성을 모두 달성하기 위해서는 상황에 맞는 적절한 전략을 선택해야 한다. 블라인드 서류전형을 성공적으로 실행하기 위한 방안을 공정성 향상과 타당성 제고 측면에서 살펴보고자 한다.

공정성 향상 전략

블라인드 서류전형이 성공적으로 이루어지기 위해 가장 중요한 것은 입사지원서와 자기소개서에 차별적인 요소를 배제하여 항목을 구성하고 평가해야 한다는 것이다. 이를 통해 지원자에게 공정한 기회를 제공함으로써 공정성을 제고할 수 있다. 이를 위해서는 기업이나 기관에서 기존의 서류전형 과정에서 차별적인 요소를 반영하고 있는지에 대한 검토가 필요하다. 〈표 4-2〉는 서류전형 단계에서의 차별적 요소이다.

표 4-2. 입사지원서의 차별적 요소 배제 방안

- 입사지원서 접수 시에 성별로 양식, 기재항목, 구비서류를 달리하지 않는다.
- 직무에 필수적인 조건이 아닌 경우 성별, 연령, 종교 관련사항을 기재토록 요구하지 않는다.
- 입사지원서에 주민등록번호를 요구하지 않는다.
- 입사지원서에 연령을 식별할 수 있는 주민번호, 생년월일, 학교 입학연도와 졸업연도를 요구하지 않는다.
- 입사지원서에 사진을 요구하지 않는다.
- 직무에 필수적인 조건이 아닌 경우, 신장, 몸무게, 색맹 등 신체조건을 요구하지 않는다.
- 직무에 필수적인 조건이 아닌 경우, 학력 수준에 제한을 두지 않는다.
- 입사지원서에 가족사항 기재를 요구하지 않는다.
- 입사지원서에 결혼여부, 결혼 연차, 자녀 유무, 임신 여부 등의 불필요한 개인정보를 요구하지 않는다.
- 높은 윤리의식을 필요로 하는 직무가 아닌 경우에는 범죄경력 확인서 등을 요구하지 않는다.
- 비정규직, 탈북자 등 사회적 신분 기재를 요구하지 않는다.
- 직무에 필수적인 조건인 경우 성별, 연령, 신앙, 사회적 신분, 학력, 병력을 요구한 사유를 기재한다.

〈출처 : 고용노동부, 한국산업인력공단, 대한상공회의소 『블라인드 채용가이드북』, 2017〉

〈표 4-2〉에서 눈에 띄는 것은 아마 "직무에 필수적인 조건"이라는 문구일 것이다. 이와 관련하여 2장에서 밝힌 진정직업자격(또는 진정직업능력)이라는 개념을 이해할 필요가 있다. 진정직업자격은 기회균등을 보장하기 위한 고용 차별여부의 판단기준이다. 예를 들어 고용상 연령차별금지 및 고령자고용촉진에 관한 법률에서는 '연극·영화 등에서 청년의 역할'이나 '노인단체의 임원'처럼 직무의 성격에 비추어 특정 연령 기준이 불가피하게 요구되는 경우를 진정직업자격으로 보고 차별로 보지 않는다.[6] 또는, 목사를 채용하는 경우 지원자의 신앙을 요구하더라도 차별로 보지

---

6) 진정직업능력 (실무노동용어사전, 2014., (주)중앙경제)

않을 수 있다. 즉, 서류전형 운영의 효율성을 위해서라 할지라도 직무능력과 관련없는 요소를 입사지원서 항목으로 구성하고 있다면 특히, 그러한 요소들이 차별가능성이 있는 것이라면 배제하는 것이 바람직하다. 반면, 차별적인 요소일지라도 그것이 진정직업자격에 해당된다면 입사지원서에서 지원자에게 정보를 요구할 수 있다. 차별적 요소와 직무 필요 조건 여부를 고려하여 입사지원서 항목 구성 여부 판단 방법을 도식화하면 〈그림4-1〉과 같다.

그림 4-1. 블라인드 입사지원서 구성 항목 판단 도식

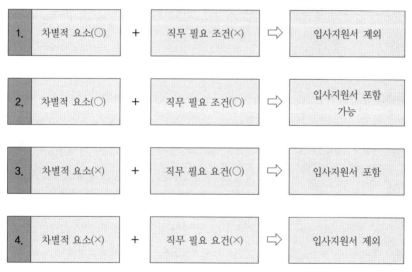

구체적으로 블라인드 서류전형에서 입사지원서의 항목은 다음과 같이 설정해야 한다. 우선 채용 직무, 고용 형태(정규·계약), 경력 구분(경력·신입)등의 사항을 검토하여 기본적인 지원사항을 구성한다. 그리고 반드시 수집해야만 하는 최소한의 인적사항을 구성한다. 공공기관의 경우에는 지역인재여부나 보훈사항 등 정부에서 요구하는 가산점 항목을 점검하기

위해 해당 항목을 함께 구성하기도 한다. 그 뒤에는 채용설계 단계에서 선정한 직무요건과 관련된 정보를 수집하기 위한 항목을 구성한다. 직무 관련 교육사항, 자격사항, 경력사항 등이 이에 해당된다. 또는 디자인이나 프로그램 개발 직무와 같이 직무 특성이 뚜렷한 경우 포트폴리오 항목을 추가할 수도 있다. 입사지원서 항목을 모두 구성했다면 이에 대한 적절성을 검토하기 위해 인터뷰나 서베이를 실시하여 해당 업무와 관련된 전문가(주로 현직자)들의 의견을 수렴하는 것이 바람직하다. 이러한 과정을 통해 입사지원서 항목뿐만 아니라 평가기준이나 지침까지도 개선할 수 있기 때문이다. 입사지원서가 최종본에 근접했다면 차별적 요소나 평가자의 편견을 유발할 수 있는 항목은 없는지 반드시 다시 한 번 점검해야 한다.

정리하면, 입사지원서 항목 구성 시 주의해야 할 사항은 다음과 같다. 첫째, 편견과 차별을 유발하거나 직무와 무관한 항목은 제외한다. 둘째, 최소한의 인적정보(이름, 연락처)와 직무능력을 평가할 수 있는 교육사항, 자격사항, 경험사항, 경력사항 중심으로 항목을 구성한다. 셋째, 차별적 요소임에도 직무에 반드시 필요한 요건인 경우에는 그 항목을 요구하는 사유를 모집공고문에 기재한다. 넷째, 입사지원서 항목들은 해당 정보를 반드시 수집해야 할 사유가 없다면 제외하는 것을 원칙으로 한다. 다섯째, 지원자 정보의 수집 목적과 수집 범위는 전체 채용 프로세스에서의 평가 방안을 고려하여 최소한으로 결정한다.

표 4-3. 입사지원서 항목 구성 시 권장사항

○ : 항목 구성 가능, X : 항목 구성 불가, △ : 직무상 필요시 구성 가능

항목		세부항목	권장사항
신상 정보	I	성명, 연락처, 이메일(포털사이트)	○
	II	성별, 연령, 생년월일, 차량유무, 운전면허	△
	III	본적, 거주지, 현주소, 출생지	X
	IV	결혼일, 흡연여부, 음주량, 종교, 취미, 운동, 특기, 결혼여부, 좌우명, 존경하는 인물, 주거상황, 재산정도	X
신체조건		사진, 신장, 체중, 시력, 혈액형	△
가족사항		관계, 성명, 연령, 생년월일, 최종학력, 근무처, 직위 등	X
학력사항		학력기간, 학교명, 전공학과, 부·복전공, 학점, 학력, 본교·분교, 소재지, 졸업구분, 주간·야간, 논문제목 등	△
교육사항		과정명, 주관기관, 이수기준 등	○
경험사항		교내외 활동경험, 직무관련 경험 등	○
자격사항		자격명, 자격유형, 등급, 취득일자, 유효기간 등	○
경력사항		조직명, 근무기간, 담당업무, 근무월수, 직급 등	○
기타사항		병역사항, 외국어, 컴퓨터, 수상내역 등	△
단, X인 경우도 '직무상 반드시 필요한 조건'인 경우는 구성을 검토할 수 있음			

블라인드 서류전형의 입사지원서와 마찬가지로 자기소개서는 직무능력과 관련된 요소를 질문 항목으로 구성하고 정교한 평가 체계를 구축하여야 한다. 자기소개서는 질문의 목적과 평가지침이 분명하고 모든 지원자가 동일한 질문에 응답하도록 한다는 것을 의미한다. 질문의 목적이 불분명하면 지원자들이 모두 다른 방향으로 응답하게 되어 평가지침을 활용하기 곤란해진다. 따라서 채용설계 단계에서 설정한 자기소개서 평가요소를 지원자들에게 명확히 인식하고 그에 대한 응답만을 작성하도록 유도해야 한다. 자기소개서 질문 항목을 구성할 때는 다음의 측면을 고려 해야 한다. 첫째, 지원자들이 질문의 의도를 쉽고 명확하게 파악할 수 있어야 한다. 둘째, 모든 지원자들이 충분히 기술할 수 있는 질문이어야 한다. 셋째, 지원자가 거짓으로 기술할 가능성을 줄여야 한다. 넷째, 모든 지원자들을 동일한 기준으로 객관적으로 평가할 수 있어야 한다.

그림 4-2. 블라인드 입사지원서 예시

입 사 지 원 서

1. 인적 사항

지원구분	신입 (　　) 　경력 (　　)	지원직무		접수번호	
성　명	(한글)				
현 주 소	＊ *필요 시*				
연 락 처	(본인휴대폰)	전자우편			
추가항목 (예시)	□ 장애대상　　□ 보훈대상　　□ 지역인재				

2. 교육 사항

● 지원직무 관련 과목 및 교육과정을 이수한 경우 그 내용을 기입해 주십시오.

교 육 구 분	과목명 및 교육과정	교 육 시 간
□ 학교교육　□ 직업훈련　□ 기타		

직무관련 주요내용

3. 자격사항

● 지원직무 관련 과목 및 교육과정을 이수한 경우 그 내용을 기입해 주십시오.

자격증명	발급기관	취득일자	자격증명	발급기관	취득일자

4. 경험 혹은 경력사항

● 지원 직무 관련 경험 혹은 경력사항을 기입해 주십시오.

구 분	소속조직	역 할	활동기간	활동내용
□ 경험　□ 경력				

● 직무활동, 동아리/동호회, 팀 프로젝트, 연구회 재능기부 등 직무와 관련된 주요 활동을 서술하여 주십시오.

위 사항은 사실과 다름이 없음을 확인합니다.

년　　월　　일

지원자 :　　　　　　(인)

타당성 확보 전략

서류전형에서의 타당성은 '직무능력'과 관련 깊은 항목들로 입사지원서와 자기소개서를 구성하는 것과 함께 객관적으로 평가하는 것이 중요하다. 특히, 블라인드 서류전형으로 개선하는 과정에서 이전에 유용하다고 생각했던 정보들을 검토하여 '직무능력'과 관련 깊은 정보들로 지원자를 평가하는 방법은 기업이나 기관의 인사담당자들이 가장 주의를 기울이는 부분이기도 하다. '직무능력'과 관련 깊은 항목들로 서류전형 도구를 구성하는 방법에 대해서는 앞서 자세히 살펴본 바, 평가 방안에 대해서 자세히 살펴보겠다.

서류전형에서 "기초심사자료"에 대한 평가를 할 때는 크게 정량평가와 정성평가로 구분할 수 있다. 정량평가는 사전에 정한 기준에 따라 입사지원서 항목을 수치적으로 계산하여 점수를 부여하는 방식을 의미한다. 예를 들어, 직무와 관련된 교육을 얼마나 이수했는지에 따라 점수를 부여하는 기준이 있다면 이에 따라서 지원서를 일괄적으로 평가하고 점수를 부여할 수 있다. 모든 지원자는 동일한 기준에 따라[7] 평가받으며 여기에는 평가자의 주관이 개입될 여지가 없다. 여기에서 중요한 점은 지원서를 평가하는 기준이 직무수행과 관련된 것에 한정되어야 한다는 점이다. 과거에는 정량평가의 기준이 직무수행과 관련되어 있기보다는 서류평가의 효율성 측면만을 지나치게 강조했었기 때문에 눈에 보이는 스펙 중심으로 채용이 이루어지는 문제가 있었다. 블라인드 서류전형에서는 정량평가의 기준이 직무수행과 얼마나 관련되어 있는지뿐만 아니라 차별적인 요소를 내포하고 있지는 않은지도 세밀하게 검토해야만 한다. 그리고 필요하다면

---

7) 지원서 평가 기준은 채용분야 또는 채용직무에 따라서 서로 다를 수도 있다. 중요한 점은 지원자가 경쟁하는 단위에서는 동일한 기준으로 평가가 이루어진다는 점이다.

지원자들이 오해할 만한 지원서 항목에 대해서는 모집공고 시 이를 수집하는 근거를 제시하는 것도 좋은 방법이다.

표 4-4. 입사지원서 항목에 대한 모집공고문 안내 문구 예시

입사지원서 항목	모집공고문 안내 문구
어학성적	해당 직무는 영어를 통한 업무 교류가 필수 업무로, 일상회화가 가능한 수준의 영어 구사 능력이 요구됩니다
관련전공	해당 직무는 특수 전공에 대한 깊이 있는 지식을 바탕으로 한 연구, 분석이 필수 업무로, 관련 전공에 대한 교육이수 및 연구 실적이 요구됩니다.
자 격 증	해당 직무는 간호직의 직무분석 결과, 해당 직무를 수행하는데 요구되는 요건 중 간호사 자격증이 필수자격 요건으로 도출되었습니다. 이에 지원자의 최소자격 사항으로 포함되었습니다

서류전형의 정성평가는 평가자들끼리 합의하거나 인사팀에서 정한 평가지침에 따라 평가자들이 "자기소개서"나 "심층심사자료"를 검토하여 점수를 부여하는 방식을 의미한다. 정량평가와 마찬가지로 모든 지원자가 동일한 평가지침에 따라 평가를 받지만, 정성평가는 평가자의 주관이 개입될 여지가 있다는 한계점이 있다. 이는 지원자에 대한 평가자의 편견이나 고정관념이 평가자 자신조차 인식하지 못한 채 평가에 반영될 수 있는 문제점을 가진다. 그리고 이러한 오류들이 누적되면 평가 점수와 전형결과의 타당도가 크게 저하된다. 블라인드 서류전형은 이와 같은 정성평가의 비합리성을 개선하기 위해 평가자의 편견이나 고정관념이 개입할 수 있는 여지를 최소화해야 한다. 예를 들어 자기소개서를 평가하는 평가자에게는 지원자의 이름, 나이, 학력, 거주지역 등 평가지침과 관련 없는 사항을 가린다. 또는 지원자가 자기소개서에 자신을 드러낼 수 있는 정보

54

를 작성하지 못하도록 안내하는 것도 좋은 방법이다. 평가지침도 가능한 한 구체적으로 정의하는 것이 바람직하다. 평가요소를 세분화하거나 여러 가지 예외적인 상황(의미없는 철자, 지원하는 기업명 오기입, 직무와 관련없는 내용 등)에서 어떻게 평가할 것인지 사전에 꼼꼼하게 정의하는 것이 좋다. 마지막으로 평가자에 대한 교육이나 오리엔테이션이 충분히 이루어져야 한다. 블라인드 서류전형에 대해 이해시키고 평가지침을 숙지하도록 하며 평가자 개인의 주관을 최대한 배제하고 평가지침에 따라 평가하도록 안내해야 한다. 면접전형과 마찬가지로, 서류전형의 정성평가 역시 평가자에 의존하는 부분이 크기 때문에 명확한 평가지침을 준비함과 동시에 평가자에 대한 철저한 준비가 매우 중요하다 할 수 있다.

표 4-5. 일반적인 서류전형 평가 절차

단계	내용
지원 자격 확인	• 채용 모집 시 공고한 지원자격 요건을 지원자가 충족하는지 여부를 확인 • 지원자들이 입력한 내용이 중복이나 잘못 기입된 것이 없는지 검토
정량 평가	• 지원서 항목별 평가기준(평가요소, 점수기준, 가중치 등)을 설계하여 정량적 수치에 의해 평가
정성 평가	• 자기소개서, 경력기술서 등에 대해 정성적으로 평가
가점 부여 및 지원자 순위도출	• 채용 관련 법규 및 지침에서 규정하고 있는 우대사항을 확인하고 가점을 부여 • 가점 부여 후 서류전형 평가결과에 따라 지원자의 순위를 부여
평가 결과 검토	• 서류전형과 관련하여 지원자가 제출한 서류 내용의 사실여부를 검토한 후, 이상이 없으면 결과를 확정
전형 결과 발표	• 결과 확정 후 전형결과를 메일, 문자 등의 수단을 통해 안내

블라인드 서류전형 관련 이슈

블라인드 서류전형을 할 때 인사담당자 입장에서는 이전에 없던 고민이 많이 생긴다. 아래에서는 이 중 몇 가지 이슈에 대해 사례와 함께 살펴보고자 한다.

첫째, 블라인드 입사지원서에 학력사항을 포함해야 하는가? 만약 그렇다면 어떤 정보까지 요구해야 하는가? 여기에 대해 하나의 정답은 없지만 판단 기준은 있다. 직무분석 또는 채용설계 단계에서 도출하고 서류전형에서 평가하고자 하는 요소에 학력과 관련된 사항이 있는지를 검토하면 이에 대한 답을 알 수 있다. 일반적으로 학력과 전공은 직무수행을 위한 필요조건이 되지 못한다. 예를 들어 4년제 대학의 기계공학과를 졸업한 사람만 자동차 회사의 엔진부품 엔지니어로 일할 수 있는 것은 아니다. 자동차 엔진과 관련된 지식·기술을 4년제 대학의 기계공학과에서만 습득할 수 있는 것은 아니기 때문이다. 과거에는 대학이나 학원에서만 배울 수 있었던 지식·기술이 최근 인터넷과 SNS의 발달로 인해 누구든지 쉽게 접하고 습득할 수 있게 되었기 때문에 최종 학력과 전공만으로 그 사람의 직무수행능력을 평가하는 것은 여전히 과거의 사고방식에 머물러 있는 것이라 할 수 있다. 하지만 여전히 높은 수준의 지식·기술은 이를 뒷받침하는 증거가 필요한 경우도 있다. 예를 들어 우주를 관측하고 연구하는 공공 연구기관에서 역량있는 연구자를 채용한다고 해보자. 우주에 관한 지식은 인터넷이나 잡지에서 쉽게 구할 수 있다. 하지만 이를 넘어서는 수준의 지식과 해당 분야에 대한 통찰력은 일반인이 도달하기 쉽지 않다. 이러한 경우 우주연구와 관련된 전공에 대해 높은 수준의 학위를 요구할 수도 있다. 그러나, 그렇다 할지라도 지원자가 얼마나 우수한 대학 출신인지 또는 박사학위를 몇 개나 가지고 있는지와 같이 피상적인 기준으로만 서류를 평가해서는 안된다. 실제로 고급 연구원을 채용하는 경우 지원자의 연구 내용이나 그의 연구 능력에 대해 대단히 심도 깊은 평가절차를 따로 마련하여 운영해야 한다.

둘째, 신원확인이나 작성내용의 증빙을 위해 필요한 정보는 어떻게 수집해야 하는가? 보통 입사지원서 작성내용에 대해 증빙자료를 요구하지 않아도 전형을 진행함에 있어 큰 어려움이 없으며, 특히 증빙자료를 절대로 요구해선 안되는 경우도 있다. 예를 들어 학교 교육사항에 작성한 내용을 증빙하기 위해 출신대학의 성적증명서가 필요하다. 그런데 성적증명서에는 보통 출신대학과 전공 심지어 성적까지 모든 내용이 포함되어 있다. 입사지원서에 학력사항을 기입하지 못하도록 해놓고 학교 교육사항 때문에 성적증명서를 요구한다면 지원자의 학력사항을 블라인드 처리했다고 보기 어렵게 된다. 이러한 경우 이후 필기전형이나 면접전형 단계에서 증빙자료를 요구하고 사실관계가 다른 경우 채용에서의 불이익을 주는 방법이 바람직하다. 비슷한 이슈로 일부 기업에서는 서류전형 단계에서 지원자에게 과제물을 제시하고 이를 입사지원서와 함께 제출하도록 하고 있다. 이러한 경우 모든 과제물이 정말로 해당 지원자가 작성한 것인지 판단할 수 없다는 이슈가 발생한다. 이와 같은 이슈가 있음에도 불구하고 해당 기업들은 공통적으로 회사와 지원자 간 신뢰를 바탕으로 지원자가 제출한 과제물을 모두 인정하는 대신, 실무면접 과정에서 그에 대한 확인과 검증 과정을 추가하여 이를 보완하고 있다.

블라인드 서류전형의 적용 사례

블라인드 서류전형을 도입하거나 개선하는 과정에서 기업이나 기관의 규모에 따라, 보다 중요하게 여기는 측면이 다르다. 규모가 큰 기업이나 기관의 인사담당자는 서류전형 단계에서 지원자들이 적게는 3~4천 명, 많게는 1~2만여 명이 지원함에 따라, 객관적인 서류전형 평가 방안에 보다 초점을 맞추는 경향이 있고, 지원자들이 100명 미만 정도로 지원하는 규모가 작은 기업이나 기관에서는 적합한 인재를 유인하는 데 보다 초점을 맞추는 경향이 있다. 규모가 큰 일부 기업이나 기관에서는 서류전형 단계에서 평가를 하지 않고, 모든 지원자에게 필기전형 응시 기회를 제공하는 곳도 있다.

다음의 사례는 현업에서 수시 채용을 진행하는 중견기업, A사의 사례이다. A사에서는 '경영지원, 구매, 기술지원, 생산, 연구개발, 영업, 품질' 등의 주요 채용 직무에 대해 거의 매월 수시 채용을 실시하고 있었다. A사는 직무에 대해 이해도가 낮은 지원자와 허수 지원자가 많고, 최종적으로 선발된 신입사원의 조기 퇴사율이 높은 상황에서 '적합한 인재 채용'보다는 '현업 인력 즉시 충원'에 보다 초점을 두고 있는 상황이었다. 이러한 상황에서 A사는 직무분야별 직무수행 요건을 명확히 한 후, 이를 모집공고문에 명시했으며, 직무분야별로 입사지원서 및 자기소개서 항목을 구성하고, 직무분야별 평가 체계도 다르게 적용하였다. A사는 직무능력 중심의 서류전형의 개선을 통해 초기 모집 및 지원단계부터 적합한 인재를 유인하고자 했다.

이를 위해 A사는 우선 주 채용 직무분야별로 현직자 인터뷰와 설문조사를 통해 직무를 수행하는 데 필요한 지식, 기술, 태도 등을 도출하여 직무기술서를 개발하였다. 이후에는 직무별로 개발된 직무기술서를 바탕으로 모집공고문을 개선하였다. 기존에는 모집공고문에 지원 직무분야,

모집 인원, 지원자격에 대한 정보만을 제시하였다. 새롭게 개선한 모집공고문에는 직무분야별 직무 개요, 주요 수행 업무 내용, 업무 수행 시 요구되는 지식, 기술, 태도 등에 대한 정보를 제공하였으며, 이와 함께 직무수행 환경과 함께 다양한 복지 혜택을 상세히 명시하였다. 또한, 모집공고문에 차별요소 포함 여부를 검토하여 연령, 학점, 토익 점수 등에 대한 최소 자격 요건을 완화하거나 삭제하였다.

이를 통해 수행 직무에 대해 구체적인 수준까지는 아니어도 대부분의 지원자들이 어떤 업무를 수행하는 지에 대해서는 대략적으로 파악하고 있었으며, 그러한 직무를 수행할 의지가 있는 지원자의 비율이 높아졌다.

모집공고문을 개발한 이후에는 입사지원서와 자기소개서를 개발하였다. 기존 입사지원서에는 '가족사항, 결혼여부, 학교, 학점, 토익성적, 어학연수, 봉사활동, 취미, 키와 몸무게'와 같은 항목으로 구성되어 있었다. 개선한 입사지원서에서는 차별가능성이 있는 '결혼여부, 가족사항, 키와 몸무게'와 같은 요소와 직무와 관련 없는 요소를 삭제하고, 직무와 관련 있는 요소들로 구성하였다. 즉, 채용 운영에 필요한 최소한의 식별정보를 요구하는 인적 사항, 채용 직무분야에서 요구하는 지식과 관련된 교과목을 어느 정도로 이수했는지를 검증하는 교육 사항, 채용 직무분야와 관련된 기타 활동 및 직무 경험을 검증하는 경험 사항, 채용 직무분야에서 요구하는 스킬을 검증하기 위한 자격사항을 기본 항목으로 구성하였다. 기본 항목을 바탕으로 직무분야별로 교육사항, 경험사항, 자격사항의 세부 항목을 달리 적용했으며, 연구개발과 기술지원 직무분야와 그 외 나머지 직무분야의 평가 체계를 달리 적용했다.

이와 같은 입사지원서의 개선으로 인해 지원자 수는 줄어들었지만 이후의 전형에 응시하는 비율이 높아지고 입사 의지가 높은 지원자들의 비율이 높아졌다.

기존 자기소개서는 자신의 강점과 약점, 생활신조, 가치관 등에 대한 항목으로 구성되어 있었다. 개선한 자기소개서에는 채용 직무분야에서 요구하는 공통된 직무능력과 관련된 과거 경험에 대해 기술하도록 하였으며, 이를 평가하지 않고 면접의 참고자료로 활용하였다.

　지금까지 블라인드 서류전형에 대해 살펴보았다. 서류전형에서 사용된 원칙은 이후의 다른 전형에도 동일하게 적용되므로 이를 명확히 인식하고 실행에 옮겨야 할 것이다. 특히 공정성과 타당성의 개념 즉 모든 지원자에게 공정한 기회를 제공하되 평가는 타당하게 해야함을 잊지 않아야 한다.

5장. 블라인드 필기전형

　필기전형은 채용직무에 필요한 직무능력을 지필형태로 평가하며, 서류전형과 면접전형 사이에 진행하는 것이 일반적이다.[8] 대규모 지원자들을 대상으로 동일한 시간과 장소에서 공정하게 평가할 수 있다는 장점으로 인해 능력중심 채용 및 블라인드 채용을 도입하면서 별도의 서류전형 없이 필기전형을 도입하는 경우도 있다. 이는 필기전형이 모든 지원자들에게 동일한 조건 속에서 자신의 능력을 발휘할 기회를 제공하며 평가 또한 객관적 기준에 따라 공정하게 이루어진다는 점에서, 기회 균등을 강조하는 블라인드 채용의 취지에 적합하기 때문일 것이다. 그러나, 이러한 절차적인 객관성과 공정성이 확보되어 있다 하더라도, 그 내용이 직무와 무관하거나 특정 집단에 유리하게 구성되어 있다면 결과적인 공정성과 타당성은 없게 된다. 공정하고 타당한 블라인드 필기전형을 위해서는 차별적 요소를 배제한 공정한 절차도 중요하지만, 기본적으로 필기전형 도구 자체의 직무관련성을 확보하기 위한 노력이 필수적이다. 본 장에서는 기본적인 필기전형에 대해 소개하고, 블라인드 필기전형이 되기 위해 필요한 노력들과 도입사례에 대해 소개하고자 한다.

---

8) 고용노동부, 한국산업인력공단, 대한상공회의소(2018). 블라인드채용가이드북.

블라인드 필기전형의 의미와 특징

필기전형이란, 지필시험의 형태로 진행되는 모든 유형의 선발평가 방법을 의미하며, 인성검사, 적성검사, 전공 필기시험 등이 해당된다. 최근 국내 채용 필기전형에서는 대개 인성검사, 직무적성검사, 직업기초능력평가, 직무지식검사(전공, 논술, 외국어 등)를 활용하는 경우가 가장 많다 (세부 내용은 〈표 5-1〉 참고). 인성검사에서는 사람들이 일관적으로 행동하도록 하는 개인 내적 요인 즉, 성격, 가치, 동기, 흥미 등을 평가한다. 그리고 직무적성검사(능력검사)에서는 언어력, 수리력, 추리력, 공간지각력, 지각능력 등과 같이 직무수행과 업무능력에 영향을 미치는 인지능력 수준을, 직무지식검사에서는 업무에 필요한 지식을 보유하고 있는지를 평가한다. 일반기업에서는 인성검사, 직무적성검사, 직무지식검사를, 공공기관에서는 직업기초능력검사와 직무지식검사를 주로 실시하고 있다.

표 5-1. 필기전형 유형별 특징

구분	특징
인성검사	• 조직적합성, 직무수행 관련 성격적인 역량을 주로 진단하는 검사 • 인재상과의 부합성, 직무관련 성격, 태도, 가치관 등 측정 • 예-LG Way Fit Test, SKCT 심층 역량검사 등
직무적성검사	• 직무수행에 영향을 미치는 인지능력 수준을 진단하는 검사 • 직무수행 관련 언어능력, 수리력, 추리능력, 지각능력 등 측정 • 예-GSAT, PSAT, HMAT, CJCAT, L-TAB 등
직무지식검사	• 직무수행에 필요한 지식을 평가하는 검사 • 전공시험, 경영·경제지식, 외국어, 논술 등
직업기초능력 검사	• NCS에서 정의하고 있는 모든 직무에서 요구되는 10가지 기초능력을 평가하는 검사 • 의사소통, 수리능력, 문제해결능력, 기술능력, 자원관리, 정보능력 조직이해(이상 7가지 직무능력), 대인관계, 직업윤리, 자기개발 (이상 3가지 직업성격)

필기전형은 채용프로세스 상에서 서류전형 이후에 선발인원의 10~15배수 내외의 인원들에게 면접기회를 제공하기 전에 평가를 실시하는 것이 일반적이다. 최근에는 온라인을 활용한 필기전형이 이루어지기도 하지만, 채용 장면에서는 부정행위 가능성을 고려하여 여전히 오프라인 방식이 주로 활용된다. 모든 지원자들에게 동일한 조건에서 평가가 이루어진다는 점에서 대규모의 채용이 이루어지거나, 채용인원 대비 지원자 수가 너무 많아서 서류전형만으로 면접 대상자들을 가려내기가 부담될 때 많이 활용된다. 그러나 필기전형의 유용성이 단순히 대규모 지원자들을 효과적으로 걸러낼 수 있다는 것만은 아니다. 필기전형은 짧은 시간 동안에 많은 지원자들에게 다양한 정보들을 수집할 수 있다는 점과, 이를 통해 지원자들의 중요한 특성을 파악할 수 있다는 장점이 있다.

블라인드 필기전형은 다양한 필기전형 도구를 통해 채용 직무 수행에 반드시 필요한 직무능력을 평가하고, 출제 문항 중 차별로 인식될 수 있는 주제(성차별, 지역차별) 또는 문항, 문구를 제외하는 것을 의미한다. 예를 들어, 직무능력에 기반한 적성검사 적용 시 기술직과 행정직에서 요구하는 능력을 규명하여 적용해야 한다는 것이다. 기술직 신입사원 채용 시에는 설계, 기계 조작 등 업무 수행 시 공간 배열, 조직 및 회전에 대한 능력과 관련된 공간지각 검사와 업무 수행 시 상황을 수치화하고, 수학적으로 사고하는 능력과 관련된 응용계산 검사를 실시하고, 행정직 신입사원 채용시에는 논리적으로 글을 작성하고 판단하는 능력과 관련된 언어추리 검사와 자료점검 및 오류찾기, 범주분류 능력과 관련된 사무능력 검사를 실시하는 것이다. 또한, 기술직과 행정직에서 각각 요구하는 직무능력을 잘 검증하는 문항이라고 해도, 차별가능성이 포함된 문항을 배제하는 것이 블라인드 필기전형이라 할 수 있다.

차별적 요소를 배제하고, 직무능력중심의 문항으로 구성된 인성검사,

적성검사, 직무지식검사 등은 다음과 같은 강점을 지니고 있다.

첫째, 지원자들의 장기적인 수행을 성공적으로 예측해준다. Murphy(1989)의 수행변화이론9)에 따르면, 수행은 새로운 스킬과 과제를 학습하는 단계인 전이단계와 이미 학습한 업무행동을 지속·강화하는 단계인 유지단계로 구분하고 있다. 입사초기에 해당하는 전이단계에서 업무수행은 학습능력과 관련이 높은 인지능력이나 업무관련 사전지식에 의해 결정되고, 시간이 지나면서 유지단계로 접어들면 업무를 스스로 지속하고 강화하는 것과 관련이 높은 인성적·태도적 요소에 의해 업무수행이 결정된다는 것이다. 이는 직무적성만 뛰어나고 인성이 맞지 않는 사람은 초기에 성과를 내고 인정받을 수 있지만 시간이 지날수록 수행이 정체되거나 저하된다는 의미이다. 반대로 인성만 적합하고 적성이 맞지 않은 사람이 성과를 내기에는 너무 오랜 시간이 걸릴 수 있음을 의미한다.

둘째, 지원자들의 조직 및 직무 적응가능성을 성공적으로 예측해준다. 먼저 개인과 직무의 부합성(Person-Job Fit)은 개인의 능력이나 인성과 직무 상의 요구간에 일치하는 정도를 의미한다. 직무지식, 기술, 능력과 같은 직무관련 특성들에 개인이 가진 기술, 지식, 경험, 성격 등이 얼마나 부합하는 지에 따라 직무수행이 결정된다는 의미이며, 선발장면에서는 인성검사와 적성검사를 활용하여 이를 검증해오고 있다. 또한 조직의 가치와 개인의 가치가 일치하는 정도를 나타내는 개인과 조직의 부합성(Person-Organization Fit) 측면도 선발에서 매우 중요하다. 조직이 지향하는 가치와 목표, 인재상 등이 개인이 지향하는 바와 얼마나 일치하는 지에 따라 직무수행이 달라질 수 있다는 것이며, 이러한 측면은 주로 인성검사에서 다루고 있다.

---

9) Kevin R. Murphy, Is the relationship between Cognitive Ability and job Performance stable over time? Human Performance, 2(3), 183-200, 1989.

블라인드 필기전형 성공 전략

필기전형은 다른 채용전형에 비해 다루고 있는 개인정보의 절대적인 양이 적고 전형의 특성상 지원자의 사전정보가 평가결과에 영향을 미치지 않는다는 점에서 도입만으로도 블라인드 채용이라는 잘못된 인식이 강하다. 또한 진행과정에서 개인정보를 받지 않는 절차적 이행만으로 필기시험에서의 블라인드를 적용한 것처럼 인식하는 경우도 적지 않다.

그러나 필기전형에서 블라인드 채용을 제대로 적용하기 위해서는 필기전형 도구의 차별가능성, 직무관련성에 대한 사전 검토가 이루어져야 한다. 새롭게 필기전형을 도입하거나 기존의 필기전형 도구를 그대로 활용하는 경우 모두, 차별적 요소를 포함하고 있지는 않은지, 직무수행에 필요한 직무능력을 제대로 측정하고 있는지를 검토해야 한다. 또한, 직무능력과 무관한 요소 또는 지나치게 일반적이거나 지엽적인 내용을 다루고 있지는 않은지 살펴봐야 한다. 직무수행에 필요한 요소를 충분히 반영하고 있다면 기존 방식대로 유지하고, 그렇지 않다면 도구를 새롭게 도입하거나 보완해 나가야 한다. 이를 통해 블라인드 필기전형의 공정성 향상과 타당성 제고가 가능하다. 구체적으로 공정성 향상과 타당성 제고를 위해서는 어떻게 해야할지 살펴보자.

공정성 향상 전략

블라인드 필기전형에서 공정성을 향상시키기 위해서는 차별방지를 위해 준수해야 할 절차적인 이행사항들을 준수하고 사전·사후 정보를 공개하는 것이 매우 중요하다. 먼저, 블라인드 필기전형의 주요 절차적 이행사항을 다음과 같이 요약할 수 있다.

첫째, 필기전형을 적용하는 범위에 따라 사진 요구 조건이 달라진다. 서류전형 없이 필기시험을 보는 경우에는 본인확인을 위해 입사지원 시 사진 요구가 가능하므로, 이를 입사지원 시 수집할 수 있다. 이와 달리, 서류전형 합격자를 대상으로 필기전형의 기회를 부여하는 경우, 합격자들에게만 별도의 사진 요청을 추가적으로 진행해야 한다.

둘째, 출제된 문항에서 차별로 인식될 수 있는 문구나 주제가 없는지 사전에 철저히 점검하여 문제가 없도록 해야 한다. 전문출제기관을 통해 개발된 문항이라고 하더라도 문항에 제시된 예시나 정답이 차별이나 편견에 근거한 결과에 이르는 내용들이 없는지, 함축적으로 이러한 내용을 다루고 있는 문항들이 없는지 사전에 확인할 필요가 있다. 특정 집단에 대한 차별적인 문항이 포함될 경우, 법적인 문제가 발생할 소지가 있다.

셋째, 외부기관에 필기전형을 위탁하는 경우, 신원확인을 위해 필요한 최소한의 지원자 정보(지원분야, 성명, 블라인드 코드 또는 서류접수번호 등)를 제외한 일체의 정보를 제공하지 않는다. 외부기관에 지원자 개인정보를 위탁하는 경우, 개인정보 보호를 위한 서약서를 필수적으로 작성하도록 하고, 파기확인 절차를 반드시 이행해야 한다.

앞서 제시된 이러한 이행사항들을 준수하는 것과 더불어, 필기전형의 공정성 확보를 위해 사전에는 평가방식을, 사후에는 결과를 공개하는 것이 매우 중요하다. 필기시험 사전에 평가과목이나 출제범위, 문제 예시를 공개하여 지원자들의 대비할 수 있는 시간을 제공하고 혼선을 방지할 수 있도록 해야 한다. 또한, 공개된 내용대로 필기전형을 진행하고 제시된 범위를 벗어난 내용으로 평가가 이루어져서는 안 된다. 필수사항은 아니지만 필기전형이 종료된 이후에는 결과를 사후 공개하는 것을 권장한다.

타당성 제고 전략

필기전형에서의 타당성이란, 각종 검사나 시험과 같은 필기전형 도구를 도입하여 이루어진 의사결정이 향후 직무수행을 잘 예측해주는 것을 의미한다. 한편, 필기전형 도구는 대체로 많은 연구를 통해 타당도가 입증된 도구를 개발하는 전문 출제기관에 위탁하는 것이 일반적이므로, 필기전형의 타당성은 전문 출제기관의 선정과 효과적 협업에 성패가 달려있다고 해도 과언이 아니다.

전문 출제기관에 필기전형을 위탁하는 경우, 기업 또는 기관에서 요구하는 사항들을 정확히 반영하기 위해 내부직무관련 자료(직무분석 자료, 채용전형별 평가요소 등)를 충분히 검토하여 개발을 진행하는 것이 무엇보다 중요하다. 이를 위해서는 인사담당자가 직접 검사 문항을 개발하지는 않지만 인사담당자와 전문 출제기관의 긴밀한 협업을 통해 필기전형 도구를 개발해야 한다. 인사담당자는 기관의 특성을 담아낼 수 있도록 하는 데 주의를 기울여야 하고, 출제기관에서는 기관의 맥락을 담은 타당성이 검증된 평가문항을 개발하는 데 주의를 기울여야 한다. 〈그림 5-1〉에는 필기전형 도구 개발 절차를 제시하였다. 전문 출제기관과의 원활한 협업을 통해 타당성 높은 검사를 개발 및 적용하기 위해서는 다음과 같은 측면을 이해하고 있어야 한다.

그림 5-1. 필기전형 도구 개발 절차

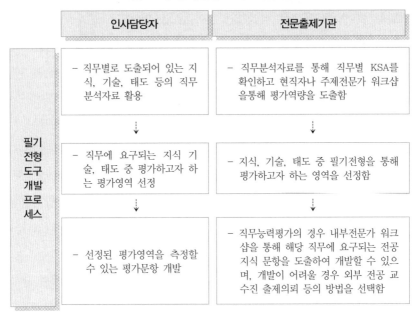

인사담당자	전문출제기관
필기전형도구개발프로세스	– 직무별로 도출되어 있는 지식, 기술, 태도 등의 직무 분석자료 활용	– 직무분석자료를 통해 직무별 KSA를 확인하고 현직자나 주제전문가 워크샵을통해 평가역량을 도출함
	– 직무에 요구되는 지식 기술, 태도 중 평가하고자 하는 평가영역 선정	– 지식, 기술, 태도 중 필기전형을 통해 평가하고자 하는 영역을 선정함
	– 선정된 평가영역을 측정할 수 있는 평가문항 개발	– 직무능력평가의 경우 내부전문가 워크샵을 통해 해당 직무에 요구되는 전공 지식 문항을 도출하여 개발할 수 있으며, 개발이 어려울 경우 외부 전공 교수진 출제의뢰 등의 방법을 선택함

〈출처 : 고용노동부, 한국산업인력공단, 대한상공회의소(2018). 블라인드채용가이드북〉

첫째, 필기전형을 통해 다양한 평가요소들을 검증하기 위해서는 다양한 검사 도구를 사용해야 하며, 면밀한 연구를 통해 타당성을 검증해야 한다는 점이다. 이는 일차적으로 측정하고자 하는 개념을 얼마나 정확하게 측정하는 검사인지를 확인할 수 있는 근거가 되며, 나아가 향후 발생할 수 있는 법적 문제 등에 대응할 수 있는 근거가 된다.

이를 위해 필요한 것이 평가모델의 설계이다. 평가모델이란, 검사를 통해 측정하고자 하는 평가요소를 구체화 하고, 평가요소별 평가문항을 정교화한 뒤, 이들 평가문항에 대한 지원자들의 응답을 어떻게 점수화할 것인가에 대한 계획이다. 대개의 경우 인성검사는 인재상, 핵심가치, 직무역량 등의 인성적 측면을 측정할 수 있도록 하며, 적성검사는 직무역량

중 인지적인 능력부분을 측정하는 데 활용된다. 다만, 해당 조직의 인재상이나 핵심가치를 어떻게 측정하고 점수화할 것인지가 사전에 명확하게 설정되어 있어야 하는데, 기존에 개발되어 있는 범용의 인성검사를 활용한다면 자사의 인재상과 핵심가치를 해당 인성검사가 충분히 반영할 수 있을지에 대한 검토와 정교한 매칭과정이 이루어져야 한다. 적성검사의 경우에는 직무분석을 통해 도출된 인적 요건들을 바탕으로 어떤 적성요인들이 요구되는지에 대한 사전 검토가 이루어져야 하며, 문항에서 다루는 지식이나 내용의 범위가 사전에 결정되어야 한다.

둘째, 적성검사나 직무지식 시험 문항이 타당하기 위해서는 적절한 수준의 난이도와 높은 수준의 변별도를 갖추고 있어야 한다. 난이도는 해당 문항에 응답한 사람들 중 정답을 맞춘 사람들의 비율을 의미한다. 4지 선다형 문제에서 일반적으로 바람직한 난이도는 정답률이 60% 내외이며, 어려운 난이도는 정답률 50% 미만, 쉬운 난이도는 정답률 80% 이상을 의미한다. 한 영역의 문항이 30개 문항이라면, 그 문항 중 상위 수준, 중간 수준, 하위 수준의 문항을 적절히 배분해야 한다. 대체로 중간 수준의 문항을 절반 정도 구성하고, 나머지 문항의 절반을 각각 상 수준과 하 수준으로 구성한다. 변별도는 각 문항이 검사 수행이 높은 사람과 낮은 사람을 변별하고 있는 정도를 의미한다. 변별도가 높은 문항은 검사 총점이 높은 집단이 낮은 집단보다 정답률이 더 높은 문항을 의미하며, 변별도가 낮은 문항은 검사 총점이 높은 집단과 낮은 집단간에 정답률에서 차이가 없는 문항을 의미한다. 이러한 문항의 변별도를 나타내는 값을 문항변별도라고 하며, 해당 문항 점수와 검사 총점 간의 상관을 분석하여 문항-총점 상관이라는 통계수치로 파악한다. 일반적으로 문항 총점 상관이 최소 .2이상이어야 하며, 높을수록 높은 변별도를 의미한다.

셋째, 적성검사나 인성검사 결과 점수가 타당하기 위해서는 검사가 일정 수준 이상의 '신뢰도'를 확보해야 한다. 신뢰도란, 같은 지원자를 반복해서 평가해도 동일한 결과가 산출되는 정도를 의미한다. 예를 들어, 오늘 10명의 지원자들에 대해 적성검사를 실시하여 얻어진 순위와 일주일 뒤에 동일한 방법으로 동일한 지원자들을 평가한 순위가 전혀 일치하지 않는다면, 그 점수를 신뢰하기 어렵다. 이렇듯 우리가 적성검사나 인성검사를 신뢰할 수 있으려면, 얻어지는 결과가 시간을 두고 반복했을 때에도 일관성 있게 유지되어야 하는 것이다. 채용도구의 신뢰도는 타당도의 선결요건이라 할 수 있으며, 신뢰도가 낮은 도구는 우수한 인재를 변별해줄 수 없다. 따라서, 새로운 적성검사나 인성검사를 도입하고자 할 때에는 신뢰도가 입증되었는지, 어떤 방법(대상, 인원, 시기)으로 입증되었는지, 입증되었다면 얼마나 신뢰도가 높은지(상관계수로 $r=.7$ 이상, 최소 .6 이상) 등을 확인해야 한다. 또한, 이미 도입해서 사용하고 있는 적성검사나 인성검사의 신뢰도를 분석하여, 신뢰도가 낮을 때에는 검사를 개선하거나 다른 검사로 교체해야 한다.

넷째, 필기전형의 가장 마지막 단계인 합격자 선정을 위해 점수 커트라인을 설정하고 적용하는 데 면밀한 검토가 필요하다. 점수 커트라인 설정방법으로, 다양한 필기전형 평가결과들을 하나의 점수로 통합하여 순위를 매기는 방법과 평가도구별로 각기 독립적인 기준을 적용하여 순차적으로 적용하는 방법이 있다. 두 가지 방법 중, 평가점수들을 하나의 점수로 통합하여 순위를 매겨 모집 배수에 따라 지원자를 선발하는 방식을 가장 손쉽게 채택할 수 있을 것이다. 다만 평가점수를 통합하는 경우, 직무적성검사와 직업기초능력평가와 같이 평가방식이 유사한 결과점수들을 합쳐야 하며, 직무에서의 중요도를 고려하여 점수 가중치를 다르게 적용해야 한다. 직무적성검사와 인성검사 결과를 일정 비율로 합치는 방법은 적절하지 않다.

70

또한, 최소한의 기준에 미달되는 지원자를 탈락시킨 후 더 역량 있는 지원자를 선발하기 위해서는 점수를 통합하고 점수가중을 달리 하는 방식보다는 단계적인 허들식 커트라인 적용방법이 보다 더 적절하다. 단계적 허들 방식은 〈그림 5-2〉과 같이, 1단계로 인성검사에서 부적합 판정을 받은 인원을 선별하고 2단계로 직무적성검사, 직업기초능력검사, 직무지식검사 순으로 필기전형 합격자를 선정하는 것을 의미한다.

그림 5-2. 필기전형 결과 활용 방안

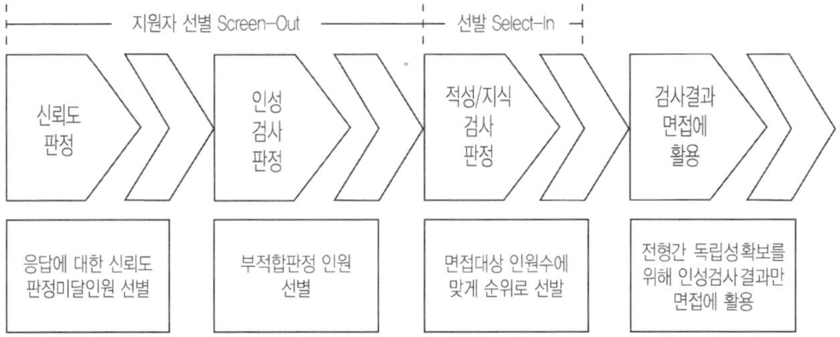

지원자 선별 Screen-Out ────── 선발 Select-In

신뢰도 판정	인성 검사 판정	적성/지식 검사 판정	검사결과 면접에 활용
응답에 대한 신뢰도 판정미달인원 선별	부적합판정 인원 선별	면접대상 인원수에 맞게 순위로 선발	전형간 독립성확보를 위해 인성검사 결과만 면접에 활용

블라인드 필기전형 관련 이슈

블라인드 채용 정책이 추진되면서 필기전형에서 두드러지게 나타난 변화는 크게 두 가지다.

첫째, 필기전형에서 현업에서 활용할 수 있는 전문성과 자질 검증에 초점을 맞춰 직무와 관련 없는 지식에 대한 시험을 폐지해 나가고 있다. 예를 들어, 삼성그룹에서는 직무와 관련된 지식을 더 집중적으로 평가하기 위해 직무와 관련 없는 상식시험을 폐지했다. 기존의 상식 시험은 직무수행 잠재력을 예측할 수 없을 뿐만 아니라, 역사, 사회, 경영, 문화, 시사 등 다양하고 폭넓은 범위에서 문제가 나와 지원자들도 부담을 느끼고 있는 것으로 나타났기 때문이다. 현대자동차에서는 2013년부터 지원자의 인문학적 소양과 가치관을 평가하기 위해 역사에세이 작성을 별도로 시행해 왔으나, 5여 년간 실시해 오던 역사에세이를 폐지했다. 지원자들이 역사에세이를 위한 공부를 따로 진행하면서 불필요한 시간이 소요되고, 역사에세이 준비를 위한 역사 관련 자격증까지 준비하는 등 사회적 비용이 많이 소요되는 것으로 나타난 바, 역사에세이를 폐지하기로 결정했다고 한다. 이처럼 직무와 관련 없는 일부 특정 지식의 유무에 따른 유불리 문제를 없애고자, 많은 기업들이 기존의 일반적인 상식이나 직무와 관련 없는 지식 시험을 폐지하고, 직무와 관련 있는 검사나 지식시험을 도입하고 있다. 이러한 과정에서 직군이나 직무, 산업군 특성을 반영한 검사의 타당성이 중요해지고 있다. 이때, 주로 직무 단위의 시험이나 검사 개발보다는 직군이나 산업군 특성을 반영한 시험이나 검사 개발이 이루어지고 있다. 직무단위로 할 경우에는 직무에 초점을 맞춰 직무수행에 있어 중요한 요소를 포함할 수 있다는 장점이 있지만, 검사 영역들이 많아지고, 직무를 구분하여 검사를 운영해야 한다는 어려움이 있기 때문이다.

둘째, 중소, 중견기업 뿐만 아니라 대기업에서도 대규모 공개 채용 중심에서 벗어나 수시 채용과 경력직 채용의 비중이 늘어나고 있다. 다수의 대기업이 일년에 두 번, 3월과 9월에 대규모 공개채용을 진행하던 일정을 분산시키고, 그룹 전체 채용이 아닌 계열사별 수시 채용으로 전환 중이다. 계열사내에서도 직무요건을 명확하게 할 수 있는 특정 직무는 대규모 공개 채용과는 별도로 상시채용을 진행한다. 이처럼 수시 채용이 늘어나는 이유는 직무 분야별로 인력 수요가 있을 때 즉각적으로 우수 인력을 공급하기 위함이며, 공채 시즌 전 우수 인재를 먼저 선점하기 위해 수시 채용을 진행하는 곳도 있다. 이러한 상황에서 지원 배경이 비슷한, 유사한 직무에 지원한 사람들과의 상대비교를 통해 보다 정확한 비교점수를 도출하는 것이 중요하다. 필기전형 결과를 통해 궁극적으로 얻고자 하는 바는, 평가하고자 하는 직무 역량 또는 능력수준에 더 부합하는 인재를 선발하는 데 있다. 이러한 이유로 잘 설계된 필기전형에서 평가별 점수를 산출하는 방식과 결과를 적용하는 방식은 매우 중요하다. 필기전형 결과를 점수화하는 방식은 평가역량에 대한 지원자 간 수준 비교가 용이하도록, 규준점수(Normative Score)[10]를 활용하는 것이 일반적이다. 인성검사에서는 비교집단이라고 할 수 있는 규준집단(Normative Group)[11]의 규모가 클수록, 해당 직무와 유사한 비교집단을 가질수록 타당도가 높은 도구라고 할 수 있다. 특히, 직무적성검사 및 지식검사는 정기적으로 문항을 교체해주는 것이 바람직하므로 해당 평가에 참여한 지원자들끼리의 수준을 비교해야 한다. 예를 들어, 신입사원 수시 직원선발에 필기전형을

---

10) 규준점수(Normative Score)는 규준집단 대비 해당 지원자의 수준을 점수화하는 방식이다. 대표적인 규준점수의 예시인 백분위 점수 (Percentile Score)는 규준집단대비 지원자 점수가 가장 낮은 점수에 해당되는 경우 "0점", 가장 높은 점수에 해당되는 경우 "100점"을 부여한다.
11) 규준집단(Normative Group)은 규준점수 산출을 위해 지원자 수준을 비교하는 표본집단을 의미한다. 인성검사에서는 규준집단에 가급적 많은 수를 비교할 수 있도록 하는 것이, 적성검사나 직무지식검사는 신규 문항 교체에 따라 해당 시행에 참여한 인원 간 비교를 하는 것이 좋다.

진행하는 경우 가장 최근에 진행한 제일 큰 규모의 공개채용에 활용한 필기전형 방식을 동일하게 적용하여 최근에 입사지원자들과의 수준을 비교하는 것이 가장 좋고, 경력사원 수시 직원선발은 지원 비교대상이 적기 때문에 일정 시점을 기준으로 데이터를 누적해서 적용하거나 전문출제기관의 경력직 데이터를 활용하는 것이 좋다.

블라인드 필기전형 적용 사례

블라인드 필기전형을 도입한 B, C 공공기관은 무서류전형으로 모든 지원자들에게 필기전형 기회를 제공하였다. 1만 명이 넘는 지원자들이 별도의 서류전형 평가 없이 필기전형 자격을 부여받으므로 1차, 2차로 구분하여 필기시험을 운영했다. B기관은 인성검사를 1차로, 적성 및 지식검사를 2차로 적용하여, 모든 지원자들에게 온라인 인성검사의 기회를 폭넓게 제공했다. C기관은 지식검사를 1차로, 인성 및 능력검사를 2차로 적용했으며, 지필시험의 기회를 동등하게 부여하고, 채용규모의 10배수 지원자들에게만 인성 및 적성검사를 볼 수 있도록 하였다. 세부적으로 결과를 활용한 방식은 다음 〈표 5-2〉와 같다.

블라인드 채용 도입을 고려하는 조직에서 크게 고민하는 문제 중 하나는 필기전형을 어떻게 개선할 것인가 하는 점이다. 이러한 문제는 애초에 필기전형을 시행하지 않았던 조직보다, 현재까지 각자의 방식으로 필기전형을 시행해왔던 조직에서 보다 많이 고민하게 된다. 그 이유는 해당 조직에 지원하기 위해 오랜 기간 필기전형을 준비해 온 지원자들이 겪을 혼란이 우려되기 때문이다. D기관은 직무능력중심의 필기전형 도구를 도입하되, 지원자의 혼란을 최소화하는데 초점을 맞추어 필기전형 개선을 진행해나갔다. 2014년까지 D기관은 필기전형에서 일반적인 인성 및 적성검사와 함께 전공과목 시험, 즉, 기술직에서는 세부 분야별로 '건축

표 5-2. 블라인드 필기전형 적용 사례

구분	차수구분	평가항목	세부평가요소
B 기 관	1차 온라인 인성검사	신뢰도	인성검사 무응답비율 30%이상, 반응일관성 사회적 바람직성 평가
		핵심가치 평가	기관 핵심가치에 대한 부합성 평가
		NCS 직업성격 검사	NCS에서 요구하는 직업기초능력평가요소 중 태도적 요소(대인관계, 직업윤리, 자기개발)를 직무별로 평가함
	2차 오프라인 직무능력 검사	직무 지식시험	응시자가 직무에서 수행할 업무관련 지식습득 수준을 평가함
		NCS 직무능력 검사	NCS에서 요구하는 직업기초능력평가요소 중 능력적 요소(의사소통, 수리능력, 문제해결, 자원관리, 조직이해, 정보능력, 기술능력)을 직무별로 평가함
C 기 관	1차 오프라인 직무능력 검사	직무지식 시험	응시자가 직무에서 수행할 업무관련 지식 습득 수준을 평가함
	2차 오프라인 NCS직업 기초능력 검사	NCS 직업성격 검사	NCS에서 요구하는 직업기초능력평가요소 중 태도적 요소(대인관계, 직업윤리, 자기개발)를 직무별로 평가함
		NCS 직무능력 검사	NCS에서 요구하는 직업기초능력평가요소 중 능력적 요소(의사소통, 수리능력, 문제해결, 자원관리, 조직이해, 정보능력, 기술능력)을 직무별로 평가함

학, 기계공학'과 같은 과목 시험을, 사무직은 '경영학, 경제학' 과목 시험을 실시하였다. 2015년부터는 일반적인 직무관련 전공 기초지식 시험에서 벗어나, 세부 직무분야별로 직무와의 관련성이 보다 높은 지식 중심의 시험과 함께 직무능력검사와 직업성격검사를 실시하였다. 지원자들의 혼란

을 우려하여 변경 8개월 전부터 개선 방향에 대한 안내와 함께 예시문항을 홈페이지에 게시하였다. 또한, D기관 채용을 오랫동안 준비한 지원자들을 배려하여, 직무능력검사는 기존의 적성검사 형태의 문항을 절반 정도 구성하고, 직업성격검사는 기존의 인성검사 형태의 문항을 절반 정도 구성하였다. 2016년부터는 직무능력검사를 기술직군과 행정직군으로 세분화하여 실시했으며, 직업성격 검사를 본격적으로 실시하였다. 2017년에는 기술직군의 직무 분야를 5개로 세분화하여 각각의 평가 영역을 차별화하여 실시하였다. 또한, 직업성격 검사와는 별개로, 조직에 위해를 가할 수 있는 여부를 판단할 수 있도록 조직 부적응요소를 평가하기 시작했다. 2018년부터는 필기전형에서 사용하는 문항들에 대한 차별가능성에 대한 검증을 실시할 계획이다. 이처럼 D기관의 블라인드 필기전형은 2014년부터 계획한 큰 틀의 로드맵에 따른 채용제도의 연착륙 전략을 통해 차근차근 채용제도를 개선해 나갔다. 이를 통해 채용제도 변화로 인해 일어날 수 있는 지원자들의 혼란과 저항을 최소화하면서도, 조직에 적합한 인성과 직무에 적합한 지식 및 적성을 두루 갖춘 인재를 선발할 수 있었다. 물론 필기전형만 개선했던 것은 아니고, 서류전형, 면접전형을 함께 개선해 나갔기 때문에 필기전형 개선만으로 이뤄낸 성과로 보긴 어려우나, 지원자들의 필기전형에 대한 공정성 지각이 향상됐음을 확인할 수는 있었다.

6장. 블라인드 면접전형

면접은 거의 모든 기업에서 활용하는 가장 대표적인 채용 절차이자, 채용 의사결정의 최종 관문이다. 서류전형이나 필기전형이 없는 소규모의 기업이나 영세기업의 경우에도 어떤 형태로든 채용 전형 마지막 단계에서 면접을 실시한다. 다른 전형과는 달리 면접의 평가자인 면접위원과 지원자의 직접적 상호작용이 이루어지는 면접전형에서는 면접위원의 주관적 판단이 개입된다. 이에 지원자들은 면접전형이 정실에 의한 평가나 불공정한 차별의 가능성이 큰 것으로 여기며, 직무와 무관하거나 차별적인 요소를 내포하는 면접 질문이나 진행에 대해 적극적으로 이의를 제기한다. 면접에서의 차별이 때때로 사회적 이슈로 대두하기 때문에 공정하고 타당하게 면접을 실시하는 것은 중요하다. 본 장에서는 면접의 기본적인 특징과 유형에 대해 살펴보고, 블라인드 면접을 위한 방법과 블라인드 면접 운영 시 주의할 점에 대해 다루고자 한다.

블라인드 면접전형의 의미와 특징

면접전형은 지원자의 질의응답 내용 또는 과제 수행과정 및 결과에 대해 면접위원이 직접 관찰을 통해 지원자를 평가하는 전형이다. 채용 장면에서 가장 일반적으로 사용되는 면접유형은 크게 구술면접과 시뮬레이션 면접으로 구분된다. 구술면접을 대표하는 면접기법으로는 경험면접과 상황면접이 있고, 시뮬레이션 면접을 대표하는 면접기법으로는 발표면접과 토론면접이 있다.

구술면접 중 가장 널리 사용되고 있는 경험면접은 다양한 인성 요소들을 평가하는데 활용되며, 지원자들의 과거 행동에 초점을 두므로 거짓응답이 용이하지 않다는 장점이 있다. 구술면접 중 신입직보다는 경력직 채용 시 종종 활용되고 있는 상황면접은 앞으로 직무에서 접할 수 있는 문제상황을 주고 지원자에게 어떻게 할 것인지를 묻는 방식으로, 지원자의 문제해결능력이나 직무전문성을 평가하거나 지원자의 가치관, 태도, 윤리의식 등을 평가하는데 적합하지만, 지원자가 사회적 바람직성을 고려하여 응답할 가능성이 높다는 단점이 있다.

시뮬레이션 면접 중 가장 널리 사용되고 있는 발표면접은 주어진 과제에 대한 지원자들의 발표와 질의응답을 통하여 평가하는 기법으로, 기획력, 문제해결능력, 분석력, 논리력 등의 능력적 요소를 평가하는데 적합하다. 최근, 소통과 협업을 강조하는 기업이나 기관에서 많이 사용하고 있는 토론면접은 주어진 과제에 대한 합의안을 도출하는 토론 과정을 평가하는 기법으로, 리더십, 협조성, 스트레스 내성, 대인민감성 등의 대인상호작용 역량을 파악하는데 적합하다. 각각의 기법마다 장점과 단점이 있고, 해당 기법으로 평가가 용이한 직무능력이 있으므로 목적에 맞게 활용하는 것이 중요하다.

일반적으로 효과적인 면접을 위해서는 면접 평가요소의 규명과 면접질문이나 과제, 평가표와 같은 면접도구의 개발, 평가자인 면접위원에 대한 교육과 훈련이 체계적으로 이루어져야 한다. 면접평가요소를 명확히 규명하기 위해서는 직무 수행에 필요한 3~5개의 인성적·능력적 차원의 역량에 초점을 두고, 평가하고자 하는 직무능력을 구체화해야 한다. 평가요소를 설정한 후에는 어떤 면접기법을 활용하여 평가할 것인가를 결정해야 한다. 각 면접기법의 특징을 고려하여 면접 '평가방법×평가요소' 매트릭스를 작성하는 것도 하나의 방법이다. 이 때 하나의 기법에 너무 많은 평가요소가 매칭되어있다면, 면접시간을 고려하여 보다 중요한 평가요소를 선택한다. 또한, 이 과정에서 하나의 평가요소에 다수의 면접기법이 매칭되어 있다면 평가의 효율성 관점에서 가장 적합한 하나의 기법을 선정할 수 있다.

표 6-1. 면접기법별 특징과 유형

특징	구술면접	시뮬레이션 면접
방법	질의응답을 통해 개인의 성격, 태도, 동기, 가치 등의 다양한 특성을 관찰하는 면접방식	과제를 부여한 후, 지원자들이 과제를 수행하는 과정과 결과를 관찰·평가하는 면접방식
면접위원 역할	해당 역량이 드러날 수 있는 적절한 주(main)질문과 심층(probing)질문을 제시하여 지원자들을 평가	평가하고자 하는 역량을 판단할 수 있는 행동들을 정확히 관찰·기록하여 지원자들을 평가
대표적 유형	전통적 면접, 압박면접, 경험면접, 상황면접	발표면접, 토론면접, 역할수행, 집단다면과제
특징	개인의 다양한 인성과 능력을 평가하는데 적합하지만 개인 간의 상호작용 평가에 한계가 있음	개인의 능력적 요소를 평가하는데 적합하지만 과제설계에 따라 지식이 영향을 미칠 수 있음

면접기법별 평가요소가 결정되면, 면접도구를 개발해야 한다. 면접도구는 질문지, 평가표, 매뉴얼을 포함한다. 추가적으로 상황면접은 역량발휘가 요구되는 직무상황 자료가 필요하고, 시뮬레이션 면접은 지원자들이 해결해야 할 과제 자료가 필요하다. 질문지는 평가요소별 주질문과 심층질문으로 구성해야 한다. 지원자를 평가하기에 질문의 핵심 의도를 담고 있는 주질문만으로는 충분하지 않으며, 평가요소 관련 행동에 대한 심층적인 정보를 파악하기 위한 질문이 함께 제시되어야 한다. 평가표에는 5점, 7점 등의 점수척도와 점수 기준을 포함해야 한다. 면접위원 매뉴얼에

는 질문지와 평가표에 대한 설명 뿐만 아니라, 평가요소에 대한 설명과 면접진행을 위한 지침이 포함되어야 한다.

일반적인 면접전형의 특징과 유형, 요건 등에 대해 살펴보았는데, 블라인드 면접은 일반적인 면접전형과 어떻게 다를까?

블라인드 면접이라고 하면, 면접 시 지원자의 성명을 가리거나 면접위원과 지원자 사이에 가림막을 두는 면접 방식을 떠올리는 이들이 적지 않다. 블라인드 면접은 최근 정부의 블라인드 채용 정책 추진 이전부터 여러 기업이나 기관에서 실시해왔는데 주로 채용 청탁이나 비리를 방지하기 위한 목적으로 실시되었던 것이기에 지원자 식별 정보나 인적 사항관련 정보를 '가리는 것'에 초점이 맞춰져 있었다.

그러나 블라인드 채용 정책하에 실시되는 블라인드 면접은 다른 채용 전형과 마찬가지로, 지원자 차별 금지에 보다 더 초점을 맞춰 모든 지원자들이 편견과 차별 없이 자신의 직무능력을 공정하게 평가받을 수 있는 면접을 의미한다. 이는 기존의 경험, 상황, 발표, 토론 면접 기법과 다른 새로운 면접 기법의 적용을 의미하는 것이 아니라, 평가요소, 평가방식, 평가절차적인 측면에서의 변화를 의미한다. 즉, 면접 시 차별을 유발할 가능성이 있는 요소와 관련된 지원자 정보를 블라인드 처리하고, 직무능력 중심의 평가를 실시함으로써 면접의 공정성과 타당성을 높일 수 있는 것이 블라인드 면접이다.

이와 같은 블라인드 면접의 취지와 의미에 따라 제대로 실행되기 위해서는 설계단계에서 직무와 유관한 요소들로 평가요소가 설정되었는지에 대한 검토와 함께 면접 평가도구가 차별가능성이 있는지에 대한 법적·행정적 검토가 필요하다. 또한, 운영단계에서는 모든 면접실과 면접위원들이 일관되게 면접을 진행할 수 있도록 신경써야 하며, 이를 위해 면접위원의 선정과 교육을 실시하고, 면접위원용 자료 준비를 철저히 해야 한다. 면접이 끝난 후에는 최종적으로 선발된 지원자가 실제로 직무를 잘 수행하는가에 대한 검증 과정을 통해 면접도구, 면접평가 결과가 타당했는지를 분석하고, 면접전형 개선사항을 도출하여 지속적으로 고도화하기 위한 노력을 기울여야 한다. 구체적으로 공정성을 향상시키고, 타당도를 높일 수 있는 성공적 블라인드 면접을 위해서는 어떻게 해야 할까?

블라인드 면접전형 성공전략

공정성 향상 전략

공정성이 모든 지원자들에게 공평하고 균등한 기회를 제공하는 것을 의미한다면, 블라인드 면접에서의 공정성은 면접 질문이나 과제 내용, 평가 절차와 방법이 특정 지원자에게 편파적이지 않고 공평한 정도를 의미한다. 이는 모든 지원자에게 동질적인 면접 환경과 기회를 제공하는 것을 의미한다. 특정 지원자에게 보다 쉬운 질문 또는 특정 지원자들에게만 유리한 질문 등이 주어진다거나, 특정 지원자에게만 면접 질의응답 시간이 길게 주어진다면 공정성을 위반할 가능성이 높다고 할 수 있다. 즉, 블라인드 면접 공정성 향상의 핵심은 특정 지원자에게 유불리가 없도록 채용 차별적 측면과 관련된 질문이나 평가를 배제하고, 면접 질문이나 과제 내용, 평가 절차 및 방법을 일관성 있게 체계적으로 구성하는 것이다. 이에 대해 구체적으로 살펴보면 다음과 같다.

우선, 면접 평가 요소 측면에서 서류전형, 필기전형과 마찬가지로 채용 차별 요소를 평가에 반영하지 않도록 해야 한다. 이는 채용 차별 요소를 평가요소로 구성하지 않고, 채용 차별 요소와 관련된 측면을 점수에 반영하지 않으며, 합격과 불합격에 대한 의사결정 시에도 이를 고려하지 않음을 의미한다. 이를 위해서는 직무능력 중심의 체계적인 면접 평가표 구성과 함께 면접위원 교육 훈련 강화가 필요한데, 이에 대해서는 타당성 제고 전략에서 자세히 다루도록 하겠다.

면접 평가 도구 측면에서 공정성을 향상시키기 위해서는 어떻게 해야 할까?

첫째, 특정 지원자에 대한 차별 가능성이 있는 질문 또는 과제를 배제해야 한다. 면접전형에서의 차별 배제는 차별적인 질문이나 과제를 제시하지 않는 것을 의미한다. 특히, 법률에서 명시한 차별 금지 영역인 '성별, 종교, 장애, 나이, 사회적 신분, 출신 지역, 출신 국가, 출신 민족, 신체 조건, 기혼·미혼·별거·이혼·사별·재혼·사실혼 등 혼인 여부, 임신 또는 출산, 가족형태 또는 가족 상황, 인종, 피부색, 사상 또는 정치적 의견, 형의 효력이 실효된 전과, 성적 지향, 학력, 병력' 등과 관련해서는 직무수행상의 필요 조건임을 입증할 수 없는 한 관련 질문이나 과제를 제시해서는 안된다. 특정 면접 질문이나 과제의 내용이 지원자의 출신 지역, 배경, 학교환경, 가정환경 또는 성별에 따라 불리하게 작용할 수 있다면, 그 면접과제나 질문은 공정성을 저해하는 것이라 할 수 있다. 즉, 내부적으로 구축한 면접 질문이나 과제들의 차별 가능성에 대한 면밀한 검토를 통해 해당 질문이나 과제를 제거해야 한다. 면접위원들이 종종 질문하지만, 차별 가능성이 있는 대표적인 질문 예시들을 〈표 6-2〉에 제시하였다.

표 6-2. 채용차별 관련 피해야 할 질문 예시

구 분	주 요 내 용
성 별	• 중노동 또는 궂은 일을 하는 직무에 여성이 적합하지 않다는 인식에 따른 질문 • 젊은 여성은 혼인 및 출산 등으로 장기근속을 할 수 없다는 인식에 따른 질문 • 자녀가 있는 여성은 장시간 근로를 할 수 없거나 원거리 출장을 갈 수 없다는 인식에 따른 질문 • 여성에게는 특정 편의시설과 부담비용이 요구될 수 있어 문제라는 인식에 따른 질문
연 령	• 감독자 직책에 연령이 낮은 이가 채용되면 지휘권과 효율성 등 원활한 조직운영을 저해할 수 있다는 인식에 따른 질문 • 고령자는 조직에 장기간 근속할 수 없다는 인식에 따른 질문 • 고령자는 생산성이나 효율성이 낮다는 인식에 따른 질문 • 고령자는 병가를 내는 경우가 많다는 인식에 따른 질문 • 고령자는 사용자가 지시하거나 지휘하기 어렵다는 인식에 따른 질문
신 앙	• 특정 신앙을 가진 자는 종교의식 등으로 인해 업무에 지장을 준다는 인식에 기초한 질문
출신, 지역	• 특정 지역 출신인 경우에는 조직에 잘 적응하지 못한다는 인식에 기초한 질문 • 특정 배경을 가진 자는 동료들에 의해 괴롭힘을 당할 수 있으므로, 조직의 단합을 저해한다는 인식에 기초한 질문
신체, 외모	• 신체가 약해 보이는 사람은 병가를 내는 경우가 많다는 인식에 따른 질문

차별을 배제한 면접 질문이나 과제를 구축한 이후에는 블라인드 면접 취지 및 방법에 대한 면접위원의 인식 및 행동 변화를 유도해야 한다. 면접 방법에 대해 단순히 면접위원 교육 때 언급하는 것으로 끝날 게 아니라, 모든 면접위원이 지켜야 할 면접 수칙 또는 지침으로 공고히 할 필요가 있다. 공정성 시비에 휘말린 채용 면접 사례를 살펴보면, 제도적으로 적절한 질문이 구축되어 있지 않거나, 면접위원 교육을 하지 않은 경우뿐만 아니라, 면접 질문 체계를 갖추고 있고 교육이 이루어졌다 해도 면접위원이 이를 지키지 않은 경우도 많기 때문이다. 이에 제도적으로 질문

을 정비한 뒤에는 면접위원의 인식 전환뿐만 아니라 실행으로 옮길 수 있도록 관련 사항을 명문화할 필요가 있다. 특히, 면접위원과 지원자의 질의 응답이 활발히 이루어지는 구술면접의 경우, 채용차별 관련 질문 지침이 제대로 지켜지지 않으면 조직의 채용 브랜드에 타격을 입을 만큼의 문제로 이어질 수 있다.

둘째, 모든 지원자들에게 동일하거나 동질성 있는 질문 또는 과제를 체계적으로 구성해야 한다. 지원자들에게 동일하거나 동질성이 있는 질문이나 과제를 제시함으로써, 질문이나 과제의 차이로 인한 지원자 유불리를 줄일 수 있다. 동일하거나 동질성 있는 질문이나 과제는 모든 지원자에게 동일한 면접 환경을 제공하기 위한 핵심 사항이다. 지원자에게 동질성 있는 질문 또는 과제란, 내용, 방식, 특성, 난이도 등이 유사한 것을 의미한다. 예를 들어, 경험 면접을 통해 '대인관계능력'과 관련된 질문을 할 때, "새로운 환경에서 다양한 사람들과 우호적인 관계를 형성하기 위해 노력했던 경험에 대해 이야기해 주세요", "최근 3년 이내 가장 적극적으로 활동했던 조직에서 가장 우호적인 관계를 형성했던 사람을 떠올리고, 그 사람과 어떻게 관계를 형성해 나갔는지 이야기해 주세요", "새로운 사람과 관계를 형성해 나가는 본인의 성향을 잘 나타낼 수 있는 사례를 이야기해 주세요"와 같은 질문들이 동질성 있는 질문이라 할 수 있다. 반면, "대인관계에 대해 연구한 사람 중 가장 유명한 사람은 누구입니까?"와 같은 질문은 내용, 방식, 특성, 난이도 모두 이질적인 질문에 해당한다. 또한, "주량은 얼마나 됩니까?"와 같은 질문은 평가요소와도 관련 없으면서 이질적인 질문에 해당한다.

특히, 면접 질문의 동질성 확보를 위해서는 면접위원의 즉흥적인 질문을 제한할 필요가 있다. 평가요소와 관련 없는 즉흥적인 질문을 사용할 경우에는 질문의 차이로 인한 지원자 유불리 또는 지원자에 대한 편향이

84

발생할 가능성이 커지기 때문이다. 즉흥적인 질문을 제한하면 면접위원들 사이에 질문 내용의 차이가 줄어들고, 지원자들이 받는 질문의 내용이 유사해짐으로써, 면접위원들간 질문의 일관성이 생긴다.

면접 평가 절차 측면에서의 공정성 향상 방안은 다음과 같다.

첫째, 일관된 면접 진행 절차를 설정해야 한다. 즉, 지원자 1인당 질의 응답 또는 과제 수행 시간, 면접 시간 안내 여부, 지원자 발언 기회 제공 여부, 면접위원 시작 및 종료 방식 등을 동일하게 적용해야 한다. 이는 모든 지원자에게 동일한 면접 환경을 제공하기 위한 것으로, 특히, 지원자 1인당 질의 응답 시간은 엄격히 통제해야 한다. 다대다 면접 시, 지원자들이 면접의 공정성에 대해 지각하게 되는 요인 중, 질문 내용 다음으로 가장 크게 느끼는 것이 바로, 면접 질의 응답 시간이다. 특정 지원자에게만 질문이 많고 질의 응답 시간이 길다면, 보다 짧은 시간 동안 질의 응답을 진행했던 지원자는 불공정하다고 느낄 것이며, 결과적으로도 보다 짧은 시간 동안 질의 응답을 진행했던 지원자가 탈락했다면 그 지원자가 이의제기를 할 수도 있다. 일관된 면접 진행 절차를 설정하였다면, 이를 매뉴얼로 만들어 면접위원들에 배포하여 면접 진행 지침, 절차와 방법을 숙지할 수 있도록 해야 한다.

둘째, 지원자에 대한 부가적인 정보를 전략적으로 통제해야 한다. 부가 정보는 면접을 통해 파악할 수 있는 지원자 정보를 제외한 정보를 의미하며, 성적 증명서, 이력서나 검사점수, 추천서, 사전에 실시했던 면접의 결과 등을 포함한다. 많은 면접 상황에서 이러한 부가 정보를 사용하고 있는데, 부가 정보 사용 여부와 범위는 블라인드 면접을 도입하거나 개선하는 인사담당자들이 가장 많이 고민하는 부분이기도 하다. 면접과정에서 통제되지 않은 부가 정보는 지원자에 대한 공정하고 객관적인 평가를 심각하게 위협할 수 있다. 면접에서 통제되지 않은 부가 정보를 사용하게 되면, 면접위원들이 부가 정보를 서로 다르게 평가하게 되고, 그로 인해 면접위원의 편향된 평가가 발생할 수 있다. 현재, 공공기관에서는 이와 같은 부가 정보를 엄격히 제한하고 있으며, 특히, 개인 인적 사항과 관련된 정보는 일체 제공할 수 없는 상황이다. 그러나 모든 부가 정보를 배제해야 하는 것은 아니다. 예를 들어, 성적 증명서를 부가정보로 활용하여 성적 또는 출신학교에 따라 면접 평가 점수를 매기는 것은 경계하고 배제해야 한다. 반면, 면접의 평가요소로 반영되어 있는 '대인관계능력'과 관련하여 인성검사의 '친화력' 항목에 대한 결과를 참고로 하여 면접 질문 시 활용할 수는 있다. 부가적인 정보도 적절히 활용하면, 오히려 평가요소와 관련된 지원자 정보를 보다 풍부하게 얻을 수 있다. 이를 위해 기업이나 기관에서 현재 적용하고 있는 면접 기법, 평가요소, 면접 시간 등을 고려하여 부가 정보 사용 필요성을 검토할 필요가 있으며, 부가 정보를 사용하기로 결정했다면 정보 활용 방법을 사전에 체계적으로 설정해야 한다. 〈표 6-3〉은 부가적인 정보 제공 유형을 분류하여 제시한 것이다.

표 6-3. 부가적인 정보 제공 유형

구 분	주 요 내 용
유형1	• 입사지원 시 지원자들이 작성한 자료를 면접위원들에게 제공하는 방식 • 입사지원 시 작성한 자료들이 면접 평가 요소와 관련되어 있으며 면접 과정에서 차별을 발생시킬 요소들이 포함되어 있지 않는 경우에 활용 가능 • 구술 면접 등 지원자들의 직무 관련 정보들이 필요한 경우 적용 가능
유형2	• 입사지원 시 지원자들이 작성한 정보들 중 면접에서 평가하려는 요소와 관련되는 정보들만을 선별하여 면접위원들에게 제공하는 방식 • 면접 운영 시간의 제약으로 인하여 평가 요소와 관련된 지원자들의 사전 정보가 요구되는 경우에 활용 가능 • 구술 면접 등 지원자들의 직무 관련 정보들이 필요한 경우 적용 가능
유형3	• 지원자들과 관련된 어떠한 정보도 면접위원들에게 제공하지 않고 오직 면접 시 상호작용만으로 평가하는 방식 • 지원자 개인 정보가 평가에 별다른 기능을 하지 못하는 경우에 활용 가능 • 시뮬레이션 면접 및 역량 평가를 위한 질문지가 갖춰진 구술 면접 시 적용 가능

타당성 제고 전략

블라인드 면접에서의 타당성이란, 면접 질의 응답 과정이나 시뮬레이션 과제 수행 과정에서 드러나는 지원자의 발언이나 행동을 통해 직무수행에 영향을 미치는 요인들을 정확하게 평가하는 것을 의미한다. 이는 면접에서의 타당성을 높이기 위해서는 평가의 오류나 편향을 줄여야 함을 의미한다. 통계적으로는 복수의 면접위원이 동일한 지원자들을 평가했을 때의 결과가 서로 일치해야 하는 면접위원 간 일치도, 면접점수가 높은 사람일수록 입사 후 업무성과나 업무태도 등이 좋아야 하는 예측 타당도 개념과 관련 있으며, 면접위원 간 일치도, 예측 타당도 분석을 통해 타당성을 검증할 수 있다. 다시 말하면, 면접에서의 타당성은 기업이나 기관에서의 성과를 예측해줄 수 있는 직무수행능력을 얼마나 객관적이고 정확하게 평가했냐는 측면과 관련 깊다고 할 수 있다. 즉, 면접이 타당하다면, 직무수행능력이 우수한 지원자를 선별할 수 있는 것이며, 이는 앞서 1장에서 강조했듯이 공정성과 함께 성공적인 블라인드 면접을 위한 핵심 과제라 할 수 있다.

그렇다면, 블라인드 면접의 타당성을 높이기 위해서는 어떻게 해야 할까? 이를 위해서는 면접 평가요소를 명확히 규명하고, 적합한 면접 질문 또는 과제를 개발하고, 면접위원이 정해진 평가절차와 도구를 효과적으로 사용할 수 있도록 교육 훈련을 해야 한다. 구체적으로 살펴보면 다음과 같다.

첫째, 평가요소로서 면접을 통해 평가하기에 적합한 직무능력을 명확히 규명해야 한다. 즉, 앞서 서류전형이나 필기전형에서 강조했던 바와 마찬가지로, 평가요소 측면에서 직무수행에 영향을 미치는 요인들, 즉 직무를 수행하는 데 필요한 지식이나 기술, 태도 등을 면접의 평가요소로 구성해야 한다. 예를 들어, 영업직군에서는 '고객 지향'과 같은 요소, 전산직군에서는 '분석적 사고'와 같은 요소, 건축공학 직군에서는 '문제예측 및 적시대응'과 같은 요소를 면접의 평가요소로 구성할 수 있다. 평가요소를 규명한다는 것은 평가요소의 정의 및 구체적 행동 특성들을 도출하는 것을 의미한다. 이때, 정의나 행동 특성들은 모든 사람들이 동일하고 정확하게 이해할 수 있도록 기술되어야 한다. 특히, 행동 특성의 경우, 평가기준으로 활용하므로 모호하지 않고 명확한 언어로 기술되어야 한다. 평가요소는 대체로 3~5개를 도출하며, 필요에 따라 직무전문가의 검토를 통해 평가요소들에 대한 가중치를 다르게 적용하기도 한다.

한편, 직무능력 만큼이나 그 조직에 잘 적응할 수 있는지와 관련된 측면인 조직적합성도 중요하다. 많은 기업이나 기관에서 그 조직의 구성원이라면 공통적으로 갖추어야 할 요건, 즉, 인재상을 면접에서 검증해왔는데, 이와 같은 측면을 평가요소에서 배제하기 보다는 직무능력과 함께 검증하는 것이 바람직하다. 실무면접과 임원면접으로 나뉘는 경우, 실무면접에서는 직무적합성을, 임원면접에서는 조직적합성을 검증하는 것이 적절하다. 실무를 한 지 오래되었지만, 오랜 기간 동안 조직 생활을 하여 조직의 문화가 내재화되어 있는 임원의 경우, 직무적합성을 검증하기보다는 조직적합성을 검증하는 것이 더 적절하기 때문이다.

둘째, 평가도구 측면에서 직무능력을 검증할 수 있는 질문 pool이나 시뮬레이션 과제와 함께 체계적인 평가표를 개발해야 한다.

직무능력을 검증할 수 있는 면접 질문은 경험 면접이냐, 상황 면접이냐에 따라 질문 형태가 다르다. 상황 면접은 기법 특성상, 질문에 직무맥락이 반영되어 있다. 예를 들어, 상황면접에서 영업직군의 '고객 지향' 관련 질문은 "최근 우리 회사의 한 고객이 A제품에 대한 결함 문제를 제기하며, 교환을 요구하고 있습니다. 이 고객은 현재 본사 건물 앞에서 1인 시위를 하며, 일주일 내로 교환이 이루어지지 않을 경우, 언론에 문제를 알

리겠다는 협박을 하고 있습니다. 이와 같은 고객에게 어떻게 대응해야 하 겠습니까?"와 같이, 질문 전반에 직무 맥락을 반영하고 있다. 반면, 경험 면접은 질문에 직무 맥락이 반영되어 있을 수도 있고, 그렇지 않을 수도 있다. 경력직의 경우, 직무 경험 관련 질문을 하지만, 신입직의 경우, 직 무 경험보다는 직무 수행 잠재력을 보는 것에 초점을 맞추고 있기 때문 에, 학업 과정이나 학업외 활동에 대한 질문을 한다. 예를 들어, 경력직 에게는 "이전 직장에서 고객을 만족시키는 데 어려움을 느꼈던 경험에 대 해 이야기해주세요"와 같이 직무 경험을 직접적으로 물어보고, 신입직에 게는 "넓은 의미에서 고객은 자신과 대면하는 모든 사람들이 될 수 있습 니다. 자신의 고객만족 정신이 잘 발휘된 일화에 대해 구체적으로 이야기 해 주세요"와 같이 간접적으로 물어본다. 한편, 경험 면접의 경우, 질의 응답 과정을 통해 직무와 관련 없는 신상 정보가 드러나지 않도록 면접위 원과 지원자에게 주의를 줘야 한다.

  시뮬레이션 면접의 경우, 발표 과제와 토론 과제는 해결해야 하는 과제 와 과제 관련 참고 자료들이 주로 직무나 그 조직의 추진 사업과 관련된 내용을 담고 있다. 영업직군 발표면접의 경우, 예를 들어, 지원자에게 '30 대 여성을 타겟으로 한 제품 A의 홍보 방안을 도출하여 발표해주시기 바 랍니다'와 같은 지시문과 함께 관련 자료를 제공한다. 영업직군 토론면접 의 경우, 지원자들에게 '지원자들은 다른 참가자들과의 논의를 통해 중국 인을 대상으로 한 제품 A의 최적의 마케팅 전략을 선정하고, 예상되는 장애요인과 함께 대응방안을 제시하기 바랍니다'과 같은 지시문과 함께 관련 자료를 제공한다. 평가표는 평가 점수와 함께 평가 근거를 작성할 수 있도록 구성해야 한다. 평가 근거 작성란에는 평가기준과 관련하여 드 러나거나 드러나지 않은 지원자의 발언내용이나 행동을 기록해야 하며, 이는 평가 근거를 바탕으로 평가 점수를 부여할 수 있도록 하는 목적과 향후 불합격자의 이의 제기 시, 대응할 수 있는 근거자료로 활용하기 위한 목적이 있다. 그런데 짧은 면접 시간 동안 평가 점수와 함께 평가 근거를 작성하는 것이 쉽지 않아 면접위원들이 평가 근거를 작성하는 것을 꺼리는 경향이 있다. 초기에는 면접위원들에게 주요 키워드만이라도 작성하도록 유도하는 것이 필요하며, 궁극적으로는 구체적인 행동 근거들을 작성하도록 해야 한다.

셋째, 평가자인 면접위원의 신뢰롭고 타당한 평가를 위해 교육, 훈련을 강화하고, 체계적으로 면접역량을 가진 인력을 육성해야 한다. 타당한 면접도구가 마련되어 있다고 할지라도 그것을 이용하는 사람, 즉 면접위원이 그 도구를 적절히 사용하지 않는다면 그 의미가 퇴색될 수 밖에 없다. 최근 채용 면접에서 이슈가 되고 있는 사건들을 보면 면접위원의 잘못된 질문 때문에 문제가 된 경우가 많음을 알 수 있다. 면접 경험이 많다 하더라도 실질적인 평가 정확성이 기대만큼 높지 않은 경우가 종종 있다.

면접위원이 올바른 평가자 및 기관의 대표 역할을 수행하기 위해서는 철저하고 체계적인 교육이 필수적이다. 특히, 블라인드 면접에서 면접위원에게 제공되는 지원자에 대한 정보가 제한적이므로 면접위원의 질문 및 평가 스킬이 더욱 중요하다. 블라인드 면접교육의 핵심은 면접위원들이 직무와 무관한 질문, 차별 가능성이 있는 질문을 하지 않고, 직무와 유관한 질문을 할 수 있게 하는 것이다. 면접교육 외에도 블라인드 면접 매뉴얼을 배포하거나, 오리엔테이션 시 블라인드 면접 질문 방향에 대한 강조를 통해 면접위원들이 실제 면접에서 블라인드 면접의 취지에 벗어나는 질문을 하지 않도록 조치를 취해야 한다. 한편, 면접위원의 역량은 질문 스킬, 평가 스킬, 진행 스킬 등의 습득과 여러 차례의 면접 경험을 통해 향상될 수 있다. 단기간에 면접위원의 역량이 향상되기는 어렵고, 장기간의 교육훈련이 필요하다. 교육도 단순한 이론 교육만으로는 효과를 얻기 어려우며, 실습을 병행해야 한다.

공정성과 타당성을 높이기 위한 방안으로 지금까지 언급한 내용을 종합해보면, 객관적이고 정확한 평가가 가능하도록 직무능력에 기반한 면접 질문이나 과제, 평가표를 개발해야 하며, 이때 차별적인 요소와 관련된 질문이나 평가기준을 포함해서는 안된다. 또한, 모든 지원자들에게 동질성있는 면접 질문 내용, 동일한 면접 시간, 진행 과정을 제공해야 한다. 마지막으로, 면접위원들이 정해진 면접 도구와 면접 절차를 지키며, 지원자의 직무능력을 정확하게 평가할 수 있도록 적절한 교육 훈련이 이루어져야 한다.

블라인드 면접관련 주요 이슈

블라인드 면접과 관련하여 최근 사회적으로 이슈가 되고 있는 사례를 보면, 면접위원이 지원자에게 차별적인 질문을 하거나, 직무수행능력과 관련 없는 질문을 한 경우가 대부분이다. 이러한 상황에서 우수한 인재 선발 만큼이나 우수한 면접 역량을 지닌 면접위원의 선정이 중요해졌다. 또한, 면접 과정이나 결과에 대해 지원자들이 적극적으로 이의제기를 하는 사례가 늘어나고 있으며, 결과 공개를 요구함에 따라 이에 대한 대비가 필요해졌다.

특히, 공공기관은 기획재정부가 2018년 3월에 발표한 '공공기관 경영 혁신 지침 개정안'에 따라, 채용 전형과정의 공정성 확보를 위해 면접 전형 시, 외부전문가를 위원으로 참여시켜야 하며, 불합격자 이의 제기 절차를 마련해야 한다. 또한, 일정한 자격을 갖추지 않으면 면접위원으로 선정하지 않는 기업이 늘어나는 추세이며, 일부 기업은 지원자 요청 시, 면접의 결과를 공개하기도 한다. 이러한 상황에서 다음과 같은 두 가지 이슈에 대해 살펴보고자 한다.

첫째, 면접위원 선정을 위해 어떤 측면을 고려해야 할까? 면접위원은 크게 내부 구성원과 외부 전문가로 구분할 수 있다. 대부분의 민간 기업에서는 내부 구성원이 면접위원으로 참여하지만, 정부부처 및 공공기관에서는 내부 구성원과 함께 외부 전문가도 면접에 참여하고 있다.

내부 면접위원의 경우, 일시적인 '선정'으로 접근할 것이 아니라 장기적인 '육성' 관점으로 접근할 필요가 있다. 장기적으로 면접위원을 육성하기 위한 첫 단계는 '면접 역량 진단'이다. 일시적 면접이론 교육 보다는, 진단도구를 활용한 사전 면접 역량 진단을 통해 수준별 맞춤화 교육, 훈련을 실시해야 한다. 면접 역량 진단은 면접이 종료된 이후 합격자들에 대한 면접위원의 평가 점수를 확인하여 다른 면접위원과의 평가 점수 일치도를 분석하거나, 점수를 높게 준 지원자가 실제로 성과를 잘 내고 있는지에 대한 추적을 통해 면접 점수의 타당성 검증을 통해서도 가능하다. 다른 면접위원과의 평가 점수가 대체로 일치하지 않거나, 점수를 높게 준 지원자가 실제로 저조한 성과를 나타내고 있는 면접위원은 향후 면접위원 pool에서 제외하거나, 추가 보수 교육을 실시해야 한다. 이와 같은 과정을 통해 면접위원 pool을 구축하는 것이 가능해지며, 우수한 면접 역량을 지닌 인력을 양성할 수 있다. 최근 일부 대기업에서는 면접위원으로서 활동하기 위해 인증을 받아야만 하고, 면접 역량 수준에 따라 등급을 나누어 체계적으로 육성, 관리하고 있다. 이와 같은 추세는 직군별 수시 채용이 늘어남에 따라 대기업을 중심으로 확대될 것으로 보인다.

최근에는 사단법인으로 한국어쎄서협회(Korea Association of assessor : www.assessor.or.kr)가 발족되어 면접관이 가져야 하는 어쎄서 역량을 설정하고 면접시 이에 부합되는 행동을 평가하여 어쎄서 인증자격을 부여하고 있다. 인증어쎄서 CA(Certified Assessor)와 인증전문어쎄서 CPA(Certified Professional Assessor)의 자격인증을 통해 면접시의 전문적인 면접역량을 가진 면접관들을 육성 관리하고 있다.

외부 면접위원의 경우, 면접 역량에 대한 파악이 쉽지 않으며, 겉으로 드러난 면접위원으로서의 이력과 외부 기관의 추천을 신뢰할 수 밖에 없는 상황이다. 또한, 면접 특성에 따라 요구되는 면접 역량도 다르다. 직무지식적인 측면에 대한 검증이 필요한 면접에서는 직무전문가를, 직무관련 인성, 인지적인 측면에 대한 검증이 필요한 면접에서는 평가전문가를 섭외하는 것이 바람직하다. 한편, 외부 면접위원은 기업이나 기관의 채용 방향이나 정책, 고유의 면접 방침에 대한 이해가 부족하므로 전문성을 지닌 외부 면접위원을 추천받았다고 하더라도, 기업이나 기관의 면접 절차, 방법, 평가기준에 대한 철저한 교육이 필요하다.

둘째, 지원자가 이의제기를 통해 면접 결과 정보 공개를 요구한다면 어떻게 해야 할까? 이의제기는 불합격한 지원자들이 면접 결과를 수긍하지 못하여, 결과 공개를 요구하는 경우가 대부분이다. 이때, 면접 평가 결과를 제공하고 있다. 그러나 면접위원들이 매긴 평가 점수만을 불합격 근거로 삼는 것은 충분하지 않다. 지원자들은 그러한 점수를 매긴 근거를 요구기도 한다. 이러한 요구 때문에 면접 평가표 양식에 '평가 근거'란을 반드시 포함시키는 것이 필요하며, 면접위원들이 점수와 함께 행동적인 근거를 남길 수 있도록 교육, 훈련시키는 것이 중요하다. 한편, 일부 기업이나 기관에서는 이의 제기를 하지 않아도 면접 결과를 공개하는 경우가 있는데, 면접 결과 공개에 대해서는 신중하게 접근할 필요가 있다. 결과 점수 근거의 충분성이나 적절성에 대한 시비에 휘말릴 수도 있다. 숙련된 면접위원이 아닌 이상, 평가 근거를 꼼꼼히 기록하는 것은 어렵기 때문이다. 장기적으로는 평가 근거를 명확히 남기는 것이 바람직하지만, 숙련된 면접위원 pool을 확보하지 못했다면, 면접 과정을 영상으로 녹화해두는 것도 하나의 방법이다. 필요 시 면접 과정에서 드러난 지원자의 긍정 행동과 부정 행동에 대한 객관적인 피드백을 보다 구체적으로 제공할 수 있다.

블라인드 면접 사례

기업이나 기관에서 블라인드 면접을 실시하고 있었다고 해도 실제 면밀히 검토해보면, 채용 청탁이니 비리를 방지하기 위해 단순히 지원자의 이름을 블라인드 처리했거나 이력서나 자기소개서를 제공하지 않는 것에 그친 경우가 많다. 앞서 강조했듯이, 공정성과 타당성이 높은 블라인드 면접을 성공적으로 이루어내려면 차별적 요소 배제와 함께 직무능력에 대한 검증이 함께 이루어져야 한다.

다음의 사례는 차별적 요소 배제와 직무능력에 초점을 맞추고 면접도구를 설계하고 개발한 E사의 사례이다. E사는 '행정, 건축, 토목, 전기, 기계, 설비, 전산'과 같은 직무 분야에 대해 상반기, 하반기에 걸친 대규모 공개채용을 통해 신입사원을 선발하고 있다. 면접전형은 구술면접을 2단계로 나누어 실시하였는데, 1단계에서는 실무진 면접을, 2차에서는 임원 면접을 실시하였다.

E사의 면접 전형에 대한 진단 결과, 다음과 같은 측면에서 개선이 필요한 것으로 나타났다.

첫째, 인재상 중심의 평가로 인해 직무수행 잠재능력에 대한 검증이 어려웠다. 모든 직무분야에 공통적으로 인재상 4개 요소를 평가하여, 현업의 직무수행 잠재력이 높은 신입사원에 대한 요구를 제대로 반영하지 못하고 있다는 내부 의견이 많았다. 즉, 인재상에 포함되어 있는 '창의, 도전'과 같은 요소는 전기, 기계, 설비 직군에서는 요구되지 않았으며, 오히려 '분석력'이나 '치밀한 일처리'와 같은 측면에 대한 잠재력을 지닌 신입사원을 원하였다.

둘째, 면접위원들에게 제공하는 필기전형 결과 자료를 참고하여 면접 과정에서 드러나지 않은 측면을 면접 점수 평정에 반영하였다. 면접위원들에게 지원자 성명이나 이력 정보를 제공하지는 않았으나, 필기시험과 적성 검사 결과 자료를 제공하였다. 이로 인해 면접위원이 때때로, 면접 평가에 자신이 없을 경우, 필기시험이나 적성 검사 점수가 높은 지원자에게 높은 점수를 부여하는 일이 발생하였다.

셋째, 1차 실무진 면접과 2차 임원 면접의 평가가 독립적으로 분리되어 있지 않았으며, 임원면접의 질문의 적절성, 평가 결과의 타당성과 관련된 이슈가 발생하였다. 구체적으로 살펴보면, 1차 실무진 면접의 경우, 면접 질문지와 평가지가 체계적으로 구축되어 있었으나, 2차 임원 면접의 경우, 임원의 재량에 따라 질문하고 평가하고 있었다. 또한, 1차 실무진 면접에서 검증했던 지원동기, 인성적 측면, 직무전문성 등에 대한 평가를 2차 임원 면접에서도 실시하고 있었다. 같은 측면을 평가하면서 1차 실무진과 2차 임원의 판단이 서로 상충되는 일이 발생하였고, 이 경우, 임원의 판단에 따라 합격시켰으나, 실제 현업에서는 업무능력을 제대로 발휘하지 못하는 경우가 종종 있었다. 또한, 임원 면접 시, 임원의 재량에 따라 질문하다보니 지원자의 능력과 관련 없는 성별이나 연령 차별적인 질문을 하는 경우가 발생하여 사회적 이슈로 대두된 적도 있었다.

이러한 상황에서 E사는 다음과 같이 개선해나갔다. 우선, 1차 실무진 면접과 2차 임원 면접의 평가요소를 명확히 구분하여, 1차 실무진 면접에서는 직무능력을, 2차 임원 면접에서는 조직적응력을 평가하였다. 특히, 1차 실무진 면접의 경우, 현직자 인터뷰와 설문조사를 통해, '행정, 건축과 토목, 전기와 기계, 설비, 전산'과 같이 5개의 직무군별로 고유하게 요구되는 능력을 도출하여 면접의 평가요소로 반영하였다. 또한, 시뮬레이션 면접 중 발표면접 기법을 도입하여, 구술면접에서는 직무능력 중 인성적 측면을, 발표면접에서는 직무능력 중 인지적 측면에 대한 평가를 실시하였다. 이때, 구술면접 면접위원들에게는 직무능력 관련 경험에 대한 자기소개서를 제외하고는 별도의 정보를 제공하지 않았으며, 발표면접 면접위원들에게는 지원자 관련 일체의 정보를 제공하지 않았다. 지원자에 대한 정보 없이, 면접 시 드러난 발언 내용이나 행동에 따라 평가할 수 있도록 면접위원 교육을 강화하였다. 기존에는 면접 직전 1시간 정도 오리엔테이션만 실시했는데, 2일에 걸쳐 면접 이론과 실습 교육을 실시하였다. 2차 임원 면접의 경우, 조직적응력에만 초점을 맞춘 질문을 하도록 하고, 조직적응력과 관련 없는 질문을 할 수 없도록 면접위원에게 주어진 재량을 일부 제한하였다. 평가요소 및 평가기준, 면접 시 해야 할 질문과 해서는 안될 질문에 대한 내용이 담긴 면접위원 매뉴얼을 제작하여 배포하고, 관련 교육을 실시하였다.

면접전형 개선 초기에는 면접위원들의 저항이 일부 있긴 했으나, 2년 정도가 지난 후 면접전형 타당성에 대한 조사 결과, 이전 보다 직무수행 잠재력을 보유한 인재들이 많이 유입되어, 현업 팀장들의 만족도가 높았다. 또한, 지원자들을 대상으로 한 조사에서는 전반적인 면접 절차, 질문 등에 대한 지원자의 공정성 지각이 높아진 것으로 나타났다. 면접위원의 질문이나 면접 과제에 대한 지원자들의 불평이 거의 없어졌고, '힘들었지만 직무능력을 평가하기에 적합한 면접 구조'라는 평가를 받았다.

7장. 블라인드 채용의 효과성

지금까지 블라인드 채용의 의미와 설계 방안, 각 전형별 적용 방법에 대해 살펴보았다. 또한 각 블라인드 전형별로 공정성과 타당도 제고 전략을 제시했는데, 이러한 전략을 통해 결국 얻고자 하는 것은 블라인드 채용의 효과성을 높이는 것이다.

본 장에서는 블라인드 채용의 도입을 통해 얻을 수 있는 효과와 그것을 과학적으로 검증할 수 있는 방법에 대해 살펴보고자 한다.

블라인드 채용 효과성의 의미

과거에는 기업 또는 기관이 채용의 주체로서 우수한 인재선발을 위한 방법과 도구를 선택하여 채용이 설계되었기 때문에 채용의 효과성은 주로 기업 또는 기관의 관점에서 조망되었다. 즉, 채용의 효과성이라고 하면, 기업이나 기관차원에서 의미를 가지는 '우수인재 선발과 조직성과 향상' 측면에만 초점을 맞춰왔다. 그러나 기업이나 기관에서의 채용은 지원자의 입장에서는 '취업'의 의미를 지니며, 취업을 준비하는데 수많은 시간과 비용을 지불하고 있기에 지원자 입장에서 채용 효과성에 대해 조망할 필요가 있다. 이는 특히, 블라인드 채용 정책의 핵심 요소인 '차별 배제'와 '지원자 존중' 모두 지원자에게 의미 있는 측면이라 할 수 있다. 또한, 직무에 적합한 인재를 공정하게 채용하는 블라인드 채용의 취지나 의미가 제대로 실현되지 않으면, 이는 사회적 차원의 비용을 초래하므로, 이러한 측면에 대해서도 조망할 필요가 있다. 이와 더불어, 블라인드 채용이 공공기관 뿐만 아니라 민간기업으로 빠르게 확산되고 있는데 비해, 실제 블라인드 채용이 어떤 효과를 가져올 수 있을 지에 대한 논의는 상대적으로 부족한 실정이다.

본 장에서는 〈표 7-1〉의 '지원자, 기업 및 기관, 사회'와 같은 세 가지 차원에서 블라인드 채용 효과성의 의미와 검증방안에 대해 살펴보고자 한다.

표 7-1. 블라인드 채용 효과성 Framework

구 분	항 목	세 부 요 소
지원자	공 정 성	공정성 지각 향상
		채용과정 만족도 제고
	수 용 성	채용결과 수용성 향상
		채용결정 이의제기 감소
기업 또는 기관	타 당 성	직무만족도 향상
		직무태도 향상
		직무수행 수준 향상
	유 용 성	채용비용 감소
		채용이미지 개선
		채용만족도 향상
사회	매칭증가	직무연관성 향상
		직무일치도 향상
		조기 이직률 감소
	다양성증가	지방대 비율 증가
		성비율 균형
		학교분포 다양성 증가

지원자 차원

국민들의 의식수준이 높아지면서 공정한 사회를 구현하는 것에 대해 관심이 많아졌고, 가팔랐던 국가의 성장세가 둔화되면서 취업에 대한 민감성이 높아졌다. 또한 인터넷의 발달로 온라인 커뮤니티와 SNS가 활성화됨에 따라 특정 선발에서 불공정하다고 느끼는 사안들은 취업을 준비하는 지원자들 사이에 빠르게 공유되고 있다. 이러한 풍토로 인해 실제로 공공기관의 인사담당자들은 채용 관련 민원이 늘어나는 것에 대한 고충이 점점 커지고 있는 실정이다. 이에 기업이나 기관의 인사담당자 입장에서도 지원자 차원의 효과성 향상이 중요해졌다.

블라인드 채용이 지원자에게 효과적이려면, 채용 과정의 공정성과 채용 결과에 대한 수용성이 높아야 한다. 특히, 채용 과정의 공정성은 자신이 보유하고 있는 역량 수준에 대한 정확한 평가를 통해 정당한 경쟁으로 합격한 신입사원에게는 더 높은 자부심을 고취시키고, 합격하지 못한 지원자들의 결과에 대한 수용도를 높일 수 있다.

구체적으로 채용 과정의 공정성은 지원자들이 채용 과정 전반에 대해 공정하다고 생각하는 것과 채용 과정에 대한 만족도가 높은 것과 관련 있다.

채용 결과의 수용성은 지원자들이 합격 또는 불합격과 같은 채용 결과에 대한 수용성이 높은 것과 채용결과 통보 후 지원자들의 이의제기가 적은 것과 관련 있다.

조직 차원

기업 또는 기관 차원의 채용 효과성은 '타당성'과 '유용성' 측면으로 접근할 수 있다. 타당성은 간접적으로 신입사원들의 직무만족도 수준과 직무 태도 수준이 향상되었는지를 통해 확인할 수 있다. 보다 직접적으로는 신입사원들의 직무수행 수준이 향상되었는지를 통해 확인할 수 있으나,

대부분의 기업이나 기관에서는 간접적인 방식으로 접근하고 있다. 유용성은 간접적으로 '채용브랜드 이미지가 개선되었는지'와 '현업부서의 채용 만족도가 높아졌는지'와 관련 있으며, 직접적으로는 '인력, 시간, 금전 등을 포함하는 채용 비용이 감소되었는지'와 관련 있다.

사회 차원

사회 차원의 채용 효과성은 '지원자와 기업 또는 기관이 최적으로 매칭되어 여러 사회적 비용이 감소되었는지'와 관련 있으며, '차별배제를 통해 지원자 집단이 다양해졌는지'와 관련 있다. 구체적으로 매칭 증가 측면은 '직무연관성이 높은 신입사원 합격자들의 비율이 높아졌는지, 지원 시 희망 직무와 배치 직무의 일치도가 높아졌는지, 신입사원 합격자들의 조기 이직률이 낮아졌는지'를 통해 확인할 수 있다. 다양성 증가 측면은 '지방대 출신 합격자들의 비율이 높아졌는지, 합격자들의 성별 균형이 50대 50에 가까운지, 합격자들의 출신 학교 분포가 다양한지'를 통해 확인할 수 있다.

지원자 차원에서의 블라인드 채용 효과성 검증

공정성 검증

'공정성 지각 향상' 측면과 '채용과정 만족도 향상' 측면은 설문조사를 통해 검증할 수 있다. 이는 블라인드 채용의 마지막 단계인 면접전형의 응시자를 대상으로 조사할 수도 있고, 최종 합격한 응시자를 대상으로 조사할 수도 있다. 이때, 조사 대상자들이 긍정적인 방향으로 응답하는 것에 대한 압력을 느끼지 않도록 익명성을 보장해 주는 것이 중요하다. 블라인드 채용 전형 과정에 대한 공정성 지각과 만족도를 물어보고, 블라인드 채용 도입 전과 후를 비교해야 한다. 그러나 블라인드 채용 도입 전에 공정성 지각과 만족도에 대한 설문 조사를 실시하지 않았다면, 이전에 지원했던 적이 있는 지원자들에게만 별도로 조사를 실시하거나, 블라인드 채용 도입 전의 합격자들, 즉 신입사원을 대상으로 조사를 실시할 수 있다. 또한, 불공정성 불만족에 대한 정성적 데이터를 수집하여 장기적으로 채용제도를 개선해 나가는데 활용할 수 있다.

표 7-2. 지원자 차원 공정성 검증 설문 예시

본 설문은 채용에 대한 여러분의 의견을 수렴하고 우리 기관의 채용이 보다 더 나은 방향으로 발전시키기 위한 목적으로 진행되는 설문입니다. 성실하고 솔직한 답변을 부탁드립니다.	
1	이번 채용 전형은 지원자의 직무능력을 적절하게 평가하였다
2	이번 채용 전형은 의사결정을 하는데 필요한 정보만을 수집하였다
3	이번 채용 전형은 일관적인 기준으로 공정한 평가가 진행되었다
4	직무설명서에 명시된 직무능력이 이번 채용에서 충분히 평가되었다
5	이번 채용 전형은 학력, 가족관계 등 외적인 요소를 중시하였다
6	이번 채용을 통해 능력을 충분히 평가 받을 수 있었다
7	이번 채용 평가 결과를 신뢰할 수 있다
8	이번 실시한 직무능력중심 채용이 앞으로도 확산되어야 한다고 생각한다
9	나는 새로운 채용 방식이 너무 낯설어 나의 능력을 발휘하지 못했다
10	이번 채용의 평가 내용은 기관의 업무 및 지원직무와 관련성이 높았다

수용성 검증

'채용결과 수용성 향상' 측면은 대개 '합격자의 수용도'보다는 '불합격자의 수용도'와 직결되는데, 불합격자들 대상으로 설문조사나 심층인터뷰를 하는 것은 현실적으로 불가능하므로, 채용 정보를 공유하는 커뮤니티에 올라오는 반응에 대한 정성적인 분석을 실시하는 것이 바람직하다. '채용결정 이의제기 감소' 측면에 대한 조사를 통해 보다 직접적으로 수용성을 검증할 수 있는데, 채용결정에 이의가 있더라도 직접적으로 이의제기를 하지 않는 경우가 있으므로 100% 신뢰할 수 있는 절대적 수치가 아님을 감안해야 한다.

조직 차원에서의 블라인드 채용 효과성 검증

타당성 검증

앞서 밝혔듯이 기업 또는 기관 차원에서의 타당성은 '직무만족도, 직무태도, 직무수행 수준'의 향상에 대한 조사를 통해 검증할 수 있는데, 가장 직접적인 방식은 '직무수행 수준 향상'에 대한 검증이다. 우선 이에 대해 자세히 살펴보고자 한다.

'어떤 효과에 대한 점검'을 사회과학의 용어로는 '타당도 검증'이라 표현한다. 또한 사회과학에서 타당도는 크게 '내용타당도'(Content validity)와 '준거타당도'(Criterion-related validity)로 구분할 수 있는데, 이 두 가지 타당도의 개념을 통해서 효과성 검증 방법을 탐색하고자 한다.

'내용타당도' 검증은 채용에 사용되는 도구와 절차들이 얼마나 블라인드 채용에서 다루고자 하는 것을 잘 대표하고 있느냐를 검증하는 방법이다. 이를 검증하기 위해서는 블라인드 채용 과정의 평가요소들이 해당 조직에서의 업무태도나 업무성과에 있어서 정말로 중요한 능력들이 맞는가(성과 예측력의 측면)와 채용 절차에 차별적 요소는 없었는가(공정성 지각의 측면)를 검토해야 한다. '내용타당도'는 수량화된 수치로 나타나는 것이 아니므로 이것을 확보하기 위해서는 계속해서 내용전문가(SME)들을 통해 검증하고 업데이트를 해나가야 한다. 앞 선 장에서 제시한 각 전형별(서류, 필기, 면접) 블라인드 전략들은 모두 이러한 '내용타당도'를 확보하기 위한 노력들이라 할 수 있다.

'준거타당도'는 블라인드 채용의 결과가 실제로 효과가 있는지를 준거를 통해 확인하는 방법이다. 여기서 준거는 블라인드 채용으로 선발된 신입사원의 인사고과, 상사평가, 업무성과(성과 예측력의 측면) 또는 지원자들의 공정성 설문 결과(공정성 지각의 측면) 등 직접적인 효과성 지표를 말한다. '준거타당도'는 실제 측정한 데이터를 토대로 통계적 접근을 통해 검증이 이루어지는 과정이므로 '내용타당도'에 비해 매우 심플하고 강력하다. 그 이유는 '내용타당도' 검증에 엄청난 고민과 노력을 하여 모든 전문가들이 만족한 절차를 만들었다고 할지라도 그것은 실제 채용이 일어나기 전에 진행되는 과정이므로 반드시 효과가 일어난다고 단정할 수 없기 때문이다. 반면에 '준거타당도' 검증은 블라인드 채용을 도입하고 일정 시간이 지난 뒤 산출된 실제 효과성 정보(준거)를 통해 실제 효과가 일어났는지를 직접적으로 검증하기 때문에 '준거타당도'가 검증되었다는 것은 실제 효과가 일어난 것이라 말할 수 있다.

그러나 '준거타당도'가 '내용타당도' 보다 강력하다고 해서 '내용타당도'는 필요 없고 '준거타당도'만 살펴보면 된다는 것은 아니다. 효과를 보이고자 하는 내용에 대해 아무런 고민과 노력 없이 얻어진 결과만으로 효과를 점검하는 것은 인과의 관계를 담보할 수 없기 때문이다. 따라서 원인에 대한 검증인 '내용타당도'와 더불어 결과에 대한 검증인 '준거타당도'가 확보가 되어야만 블라인드 채용의 효과가 검증되었다고 말할 수 있는 것이다.

한편 준거타당도 검증은 가장 직접적인 방식이지만, 많은 기업이나 기관에서 검증하기에는 몇 가지 어려움이 따른다. 첫째, 일반적으로 입사한 신입사원이 성과의 차이를 가시적으로 보이는 시기가 평균적으로 2년 이상은 지나야 되기 때문에, 채용 후 최소 2년, 일반적으로는 3년이 지난 시점에야 준거 데이터를 확보할 수 있다. 따라서 블라인드 채용 도입의 효과를 바로 검증하고 싶은 채용담당자로서는 연구 시점이 부담스러울 수 있다. 둘째, 블라인드 채용 도입의 효과가 있더라도 준거 데이터가 정확하지 않으면 제대로 된 연구 결과가 나오지 않기 때문이다. 가장 큰 어려움은 신입사원의 준거 간 점수 차이가 많지 않아서 분석이 어려운 경우이다. 실제 연구 장면에서도 이 부분에 대한 이슈가 나오지 않은 적이 거의 없을 정도이다. 이러한 문제점을 해결하기 위한 방편 중에 하나는 블라인드 채용에서 측정했던 역량들로 정교하게 설계한 상사평가를 새로 실시하여 준거로 활용하는 방법이 있다. 상사평가를 새롭게 설계하여 실시하는 방법의 장점은 공식적인 인사평가에 관계없이 연구 목적으로 진행하는 평가라는 취지를 잘 전달하여 좀 더 솔직한 준거자료를 얻을 수 있다는 점이다.

종합해보면, 블라인드 채용이 효과가 있다면, 블라인드 채용을 도입한 이후 선발된 신입사원이 도입 전 선발된 신입사원보다 3년차 인사고과 점수, 상사평가 점수, 업무성과 점수가 더 높아야 하고, 블라인드 채용 각 전형의 점수가 높은 신입사원이 점수가 낮은 신입사원보다 3년차 인사고과 점수, 상사평가 점수, 업무성과 점수가 더 높아야 한다.

'직무수행수준 향상' 검증에 비해 간접적인 '직무만족도와 직무태도 향상' 측면은 설문조사를 통해 보다 수월하게 검증할 수 있다. '직무만족도'는 신입사원에게, '직무태도'는 '상사'에게 데이터를 수집하는 것이 바람직하다. '직무만족도'와 '직무태도' 검증은 '직무수행수준 향상' 검증처럼 오랜 시간이 걸리지도 않을 뿐만 아니라 결과 데이터를 얻기 쉬워, 많은 기업이나 기관 인사담당자들이 사용하고 있는 검증방식이다.

유용성 검증

'채용이미지 개선' 측면은 설문조사를 통해 검증할 수 있다. 블라인드 채용 도입 후 채용이미지가 좋아졌는지를 설문항목으로 구성하여 물어보거나, 블라인드 채용 도입 전과 후의 차이를 비교할 수 있다. 구체적으로 어떤 긍정적인 이미지가 생겼고, 어떤 부정적인 이미지가 줄어들었는지를 확인하기 위해서는 객관식 문항과 주관식 문항을 적절히 구성하는 것이 바람직하다.

'채용만족도 향상' 측면은 설문조사와 심층인터뷰를 통해 검증할 수 있다. 블라인드 채용 도입 후, 채용에 대해 만족하는지를 설문항목으로 구성하여 물어보거나, 블라인드 채용 도입 전과 후의 차이를 비교할 수 있다. 전후 비교를 할 때, 전후 설문 대상자가 블라인드 채용 도입 전과 후의 차이에 대해 충분히 인식하고 있다면, 반드시 동일하지 않아도 된다. 향후 채용제도 개선을 위해 보다 더 풍부한 정보를 얻기 위해서는 심층인터뷰를 통해 어떤 측면에 대해 만족하고, 어떤 측면에 대해 불만족하고 있는지를 파악할 필요가 있다.

  '채용비용 감소' 측면은 실제적으로 채용 진행 과정에서 소요된 비용에 대한 직접적인 측정이 필요한데, 예산, 인력, 시간 등의 비용을 모두 산정하여 분석하기에는 다소 어려움이 따른다. 예산, 인력, 시간을 통합하여 비용을 산정하는 것은 적절하지 않으며, 이전 채용에 비해 예산, 인력, 시간이 각각 어느 정도로 감소했는지를 파악하는 것이 적절하다. 또한 동일 비용 대비 얻은 효과에 대한 측정까지 하는 것이 가장 바람직하나, 비용 대비 효과까지 측정하는 것이 어렵다면, 단순 소요 비용의 감소를 파악하는 것도 방법이다.

사회 차원에서의 블라인드 채용 효과성 검증

매칭증가 검증

'직무연관성 향상' 측면은 신입사원 합격자들의 직무관련 교육, 직무 경험에 대한 조사를 바탕으로, 실제 배치된 직무와의 관련성을 직접적으로 파악해야 한다. 이때, 어떤 교육, 직무 경험이 어느 정도로 직무와 관련 있는지를 판단할 수 있는 객관적 기준을 마련하여 조사하는 것이 바람직하다.

'직무일치도 향상' 측면은 입사지원 단계에서 희망 직무분야 또는 지원했던 직무분야와 실제 배치된 직무가 일치하는지 그렇지 않은지에 대한 조사를 통해 검증할 수 있다.

'조기이직률 감소' 측면은 대체로 입사 1년 이내 이직한 신입사원의 비율을 직접적으로 조사할 수 있는데, 이는 조사 과정이 수월한데 비해 그 중요성이 커서 기업이나 기관의 인사담당자들이 자주 활용하는 지표이다. 이 지표는 사회적 비용뿐만 아니라 기업이나 기관의 비용과도 직결됨에 따라 기업이나 기관 차원의 '타당성' 지표로 활용되기도 한다.

다양성 증가 검증

현재 '지방대 출신과 여성 차별'이 사회적 이슈로 가장 크게 대두됨에 따라, 다양성이 증가했는지를 판단할 수 있는 지표로 '지방대 비율 증가, 성비율 균형, 학교분포 다양성 증가'를 제시하였다. 장기적으로는 연령, 출신 지역 등과 같이 법령에서 차별금지 요소로 명시하고 있는 측면에 대한 조사도 함께 실시하는 것이 바람직하다.

'지방대 비율 증가, 성비율 균형, 학교분포 다양성 증가' 측면과 같은 지표는 개인의 주관적 인식에 대한 검증이 아니라 실제적인 객관적 데이터를 검증하는 것으로 주관적 인식 지표에 비해 신뢰로운 지표로 사용된다. 그러나, 이 지표의 결과에 대해서는 신중하게 접근하여 해석할 필요가 있다. 예를 들어, 채용 과정에서 차별 요소를 배제하여 평가에 반영하지 않았음에도 불구하고 지방대 비율이 감소하고, 성비율이 균형적이지 않으며, 학교분포가 다양하지 않은 결과가 나타났다면, 사회 차원에서의 효과성이 낮다고 보기는 어렵다. 블라인드 채용 전형의 문제인지, 사회 환경적인 요인의 문제인지, 기업이나 기관의 특성의 문제인지에 대한 심층적인 분석이 필요하다.

ORP연구소 Selection Center

ORP연구소 Selection Center는 직무능력 중심의 채용 문화를 선도하고 차별과 편견 없는 채용 문화를 확산하기 위해 앞장섭니다. Selection Center는 조직에 적합한 인재를 타당하고 공정하게 선발 할 수 있도록 직무분석 및 채용프로세스 설계, 면접도구 개발, 면접위원 교육 및 파견 등 인재선발에 대한 TOTAL SOLUTION을 제공합니다.

📁 사업영역

- **직무분석 및 채용프로세스 설계** : 직무별 프로파일(직무내용 및 직무요건)을 도출하고, 이를 바탕으로 채용 프로세스를 설계하는 것으로 ORP연구소는 이를 위한 가장 합리적인 방법을 제시하고, 가장 효과적인 결과를 도출할 것입니다.
- **면접도구 개발** : ORP연구소는 채용면접뿐만 아니라 AC(Assessment Center), DC(Development Center), 임원승진후보자 면접 등 다양한 형태의 대면평가에 활용되는 도구를 개발해 왔습니다. 이러한 노하우와 선발트렌드에 부합하는 최신 평가기법을 연구하여 타당성이 입증된 평가기법을 채용에 적용하며, 바람직한 면접을 위한 각종 도구들을 고객 맞춤형으로 개발합니다.
- **면접위원 교육 및 파견** : 내부 면접위원들의 면접 역량 향상을 위해, On-line 및 Off-line 방식의 면접위원 교육을 실시할 수 있습니다. 선발 컨설팅의 경험을 바탕으로 과학적 이론에 기반한 전문내용을 실습을 중심으로 강사와 전문 퍼실리테이터의 운영으로 실제적인 역량을 증진할 수 있도록 교육을 진행합니다. 또한, ORP연구소가 보유한 전문 면접위원을 파견하여 면접 평가의 전문성과 결과의 신뢰성을 확보할 수 있습니다.
- **선발서비스** : 고객사 니즈에 따라 직무역량 정보시스템 이용, off-the-shelf형 면접도구 판매, 면접위원 평가, 면접위원 인증제, 면접 위탁운영 등의 다양한 서비스를 제공합니다.

📁 주요교육과정

- Basic Course
  채용전문가 과정
- Advanced Course
  면접전문가 과정 (한국어쎄서협회 인증 과정)
  Certified Assessor 과정 (한국어쎄서협회 인증 과정)
- Professional Course
  Professional Assessor 과정 (한국어쎄서협회 인증 과정)

ORP연구소 Wiselection[와이즈셀렉션]

**[Wise]와 [Selection]이 결합된 단어로서,
"현명한 채용"을 의미하는 ORP연구소의 토탈 채용시스템입니다.**

Wise + Selection = Wiselection 현명한채용

**Wiselection은 토탈 채용시스템으로 온라인 입사지원에서 평가와 합격자 발표까지
채용의 모든 프로세스를 하나의 시스템으로 간편하게 처리할 수 있습니다.**

ORP연구소의 오랜 Know-how를 바탕으로 다양한 유형의 채용 도구(직무정보DB, 인/적성검사, 면접도구)를 탑재하여
지원자들을 보다 편리하고 정확하게 평가할 수 있는 서비스를 제공합니다.
요청 시, 고객사에 ORP연구소의 컨설턴트를 배정하여 시스템 관리를 지원할 뿐만 아니라, 채용 프로세스 전반에 대한
고객사의 이슈를 함께 고민하고 대응함으로써 고객사에 맞춤화된 최적의 서비스를 제공할 것입니다.
또한, Wiselection에서 제공하는 지원자 리포트 및 평가자 프로파일을 활용하여 지원자 뿐만 아니라 평가자까지도
체계적으로 관리할 수 있으며, 전형 별 리포트와 종합 리포트 그리고 지원자 관리 시스템 등을 제공함으로써
담당자가 채용 업무를 보다 빠르고 쉽게 처리할 수 있을 것입니다.

√ **조직의 시간과 비용**
- Wiselection은 선발에 소요되는 시간과 비용의 효율성을 극대화하기 위해 여러가지 편리한 기능을
  제공하며, 이를 통해 조직이 선발의 본질에 더 집중할 수 있도록 합니다.

√ **지원자의 진정한 가치**
- Wiselection은 지원자들이 지닌 무한한 잠재력과 그들의 다양한 생각 그리고 다양한 가치관을 모두
  소중하게 생각하며, 지원자들의 진정한 가치를 올바르게 평가할 수 있도록 노력합니다.

√ **평가자의 경험과 통찰력**
- Wiselection은 평가자 오랜 경험과 통찰력을 존중하며, 보다 체계화된 교육과 훈련 그리고 적절한
  평가 도구를 제공하며 평가의 타당성을 높이기 위해 노력합니다.

√ **조직 문화와 인재상**
- Wiselection은 인재 선발에 대한 우리의 방식을 고집하지 않으며, 다양한 조직의 문화와 인재상을
  올바른 방법으로 실현할 수 있도록 노력합니다.

ORP연구소의 면접 교육

📁 ORP연구소의 면접 교육 과정은

- 블라인드 채용 등 최근 면접의 트랜드에 대응하여 공정성 및 타당성을 향상시킬 수 있는 면접 스킬을 학습할 수 있습니다.
- 체계적이고 과학적인 면접 이론과 모의 지원자를 활용한 실습을 통하여 면접 스킬을 체화할 수 있도록 구성하였습니다.
- 면접의 노하우를 집약한 On-line 이론 과정과 전문 면접위원들의 코칭을 제공하는 Off-line 실습 과정을 결합하여 교육의 편의성과 효과성을 극대화 하였습니다.
- 고객들의 고유한 상황과 니즈를 반영하여 맞춤화된 면접위원 교육을 설계·제공해 드립니다.

📁 ORP연구소의 면접 교육 과정 구성

과 정 명	주 내 용	과 정 특 징	시 간
면접스킬 e-learning 과정 (on-line 과정)	• 과학적 선발과 면접의 구조화 • 구술 면접 기법 • 경험행동 면접 기법 • 상황 면접 기법 • Simulation 면접기법 • 면접의 평가 및 진행 스킬	면접 트렌드와 면접위원이 갖추어야 할 기본 스킬을 위주로 각 면접 기법에 대응할 수 있는 구체적인 방법들을 제시함	40분 7회 차수 6시간
면접 전문가과정 (off-line 과정)	• 면접의 평가 및 진행 스킬 핵심 정리 • 면접기법 별 Video 실습 • 구술 면접 실습 및 Feedback • Simulation 면접 실습 및 Feedback	질문 스킬, 평가 스킬, 운영 스킬 등 면접에 요구되는 다양한 이론들을 학습하고 Facilitator와 함께 다양한 면접 실습을 진행하는 심화된 면접 교육을 실시함	16시간
Flipped Learning 면접 전문가 과정 (on-off 결합 과정)	• 면접 스킬 e-learning 과정 전체 내용 • 면접 스킬 향상 과정 전체 내용	면접 스킬 e-learning 과정 및 면접 스킬 향상 과정을 결합하여 면접 전문가에게 요구되는 이론 및 실습 과정을 종합하여 과정을 구성함	6시간 + 16시간
고객사 맞춤화 면접 전문가 과정	• 고객사 채용 Process 이해 • 고객사 면접의 특징 • 고객사 면접 역량 이해 • 면접 평가 및 진행 스킬 • 모의 실습 및 Feedback	고객사의 채용 특징 및 요청을 고려하여 ORP 면접 교육을 결합한 과정으로써 고객사에 최적의 맞춤화된 Contents를 제공함	1~3일 운영

ORP연구소 심리검사 Center

ORP연구소 심리검사 Center는 선발, 배치, 평가, 교육·훈련 등 다양한 HR분야에서 심리검사를 효과적으로 사용할 수 있도록 검사 도구를 개발하고 활용방안을 연구하여 과학적인 기업용 심리검사 서비스를 제공합니다.

📁 사업영역

- **선발 인성검사** : 조직 및 직무의 특성과 개인의 특성 부합도에 대한 포괄적 정보를 수집·평가하여 성격, 가치관, 동기, 일에 대한 태도 등의 인성 정보를 제공합니다(긍정성격역량, 조직부적응성, 직무부합도 등).
- **선발 적성검사** : 직부수행에 요구되는 기초인지능력 및 특수인지능력의 개관적 정보를 수집하여 직무적성 정보를 제공합니다(언어력, 수리력, 문제해결력, 지각력 등).
- **NCS직업기초능력평가** : NCS(국가직무능력표준) 직업기초능력 10개 역량에 대한 수준별 평가 도구를 산업별/직무별 맞춤화된 서비스로 제공하고 있습니다.
- **NCS직무수행능력평가** : 특정 직무에서 실제 수행하고 있는 직무 관련 지식, 기술, 태도를 평가가 가능한 검사 형태로 구성할 수 있도록 컨설팅 프로세스를 제공하고 있습니다.
- **역량진단** : 조직과 직무, 직위에 요구되는 역량을 정의하고 해당 역량의 잠재력 및 발휘 특성을 진단합니다(Hogan Assessment).

📁 주요교육과정

- HRM 담당자를 위한 심리검사 활용 과정
- HRD 담당자를 위한 심리검사 활용 과정
- Hogan 진단을 토한 리더십 향상 과정
- Hogan HDS Risk management 과정
- Certified Hogan Assessment Workshop

| 집필자 |

오 동 근 산업조직심리학 박사
ORP연구소 부대표

석 현 영 산업조직심리학 박사 수료
ORP연구소 부대표

김 용 운 산업조직심리학 박사 수료
ORP연구소 이사

강 승 혜 산업조직심리학 석사
ORP연구소 수석연구원

이 명 규 임상심리학 석사
ORP연구소 책임연구원

이 도 연 산업조직심리학 석사
ORP연구소 책임연구원

김 돈 진 산업조직심리학 석사
ORP연구소 책임연구원

최 정 락 산업조직심리학 석사
ORP연구소 책임연구원

이 영 석 산업조직심리학 박사
ORP연구소 대표

블라인드 채용

초판 1쇄 발행 2018년 8월 1일

지은이 ORP연구소
펴낸곳 ORP프레스
펴낸이 이영석
출판등록 2003년 4월 3일 제 321-31900002510020030015호

기획편집 강승혜
마케팅 영업 최정락
디자인 김영대
인쇄 동아사 02-815-0876

주소 서울시 서초구 서초대로 67, 3층(방배동, 성령빌딩)
전화 02-3473-2206
팩스 02-3473-2209
홈페이지 https://selectioncenter.orp.co.kr (ORP연구소: https://www.orp.co.kr)

ISBN 979-11-958008-2-7

값 10,000원